L'année Rase-Bitume

Castor Poche
Collection animée par
François Faucher, Martine Lang et Soazig Le Bail

Une production de l'Atelier du Père Castor

Solvej Crévelier, l'illustratrice, vit à Paris avec son mari qui joue au tennis, sa fille qui joue du piano et son chien qui joue tout seul.

"C'est en me souvenant de l'année Poil de carotte, l'année "Napoléon", l'année "La vache qui rit"... que j'ai illustré cette histoire... Ah, on n'était pas tendre avec les profs, on ne leur passait rien...

À toutes celles qui, patiemment et passionnément, nous ont appris à rêver et aidé à grandir, je dédie ces petits dessins, et à celles qui continuent courageusement, à Jojo, à Françoise, à Marie-Noëlle, à Catherine, à toutes les grandes rase-bitume !"

L'année Rase-Bitume :

Dur de reprendre les cours pour la classe de 5e du collège Henri-Joseph... Surtout quand on croit savoir que le professeur est une armoire à glace, qui a pour consigne de mater cette classe à la réputation difficile. Mais, surprise ! Le monstre en question s'avère être un petit bout de femme, bien déterminé à ne pas se laisser embêter, et la rentrée scolaire a soudain une autre saveur...

1. 7 septembre

Quelle année vais-je passer ? Moi, Élisabeth Souzy, vingt-six ans. Institutrice spécialisée nommée à la SEGPA *— Section d'enseignement général et professionnel adapté — du collège Henri-Joseph. Cité du Pierrier. En pleine Zone d'éducation prioritaire !*

Dans quelle galère je me trouve embarquée ?

J'étais déjà inquiète lorsque j'ai su où j'allais mais, maintenant, c'est encore pire. Je viens de terminer la prérentrée et, si les collègues ont l'air sympa et l'ambiance au collège agréable, cependant, je ne suis guère rassurée.

J'ai pris la cinquième, la classe appa-

remment la plus agitée. Nous sommes en effet quatre instits, quatre filles, et, en dehors du directeur et des profs d'enseignement professionnel, je suis la seule ayant reçu une formation. Normal que je me dévoue.

L'année risque d'être dure. Pourvu que je tienne le choc.

Il me faudra penser au vélo pour franchir les caps difficiles qui ne manqueront pas de se présenter. Ça me changera les idées.

Le directeur de la SEGPA, *Jacques Pignard, m'a mise dans l'ambiance.*

Dialogue entre nous :

— Ça, pour être difficile, elle est difficile cette cinquième SEGPA. *Quinze drôles qui ne le sont pas toujours. La sixième a été rude pour les collègues qui t'ont précédée. Faire classe à ces animaux-là n'était déjà pas amusant mais, en plus, les problèmes de relation avec les autres élèves du collège n'arrangeaient pas les choses...*

— Je ferai ce que je pourrai et, en tout cas, de mon mieux.

— C'est ça ! De notre côté, nous essayerons de t'aider au maximum. La porte de mon bureau te sera toujours

ouverte... Tiens ! J'oubliais, suis-moi jusqu'à mon bureau, justement. J'ai une petite feuille qui t'aidera sans doute à mieux situer tes futurs élèves.

Nouveau dialogue quelques minutes plus tard :

— Les élèves de la cinquième SEGPA *ont une surprenante spécialité : les surnoms. Ils en collent à tous ceux qui se présentent avec, parfois, je dois l'avouer, une distance et un humour qui surprennent. Moi, ils m'appellent Pétard.*

— Ah ?

— Oui ! Sans doute parce que je me mets en rogne de temps en temps et que ça les impressionne tout de même un peu. Voilà la liste des surnoms qu'ils se donnent entre eux avec quelques commentaires. Elle pourra peut-être t'aider à comprendre certaines de leurs conversations... et de leurs réactions.

Je prends la feuille et m'étonne :

— La Palette ?

— Ça c'est leur classe. Ils la nomment ainsi parce que, comme ils viennent de tous les coins du monde, on y trouve toutes les couleurs de peau ou presque. Quand je te dis qu'ils ont de l'humour...

Je détaille le document :

Cinquième SEGPA : la Palette

Dorothée BAGUET : Pas-de-panique. D'un calme à toute épreuve.

Myriam BASILE : Ficelle. Aussi maigre que futée.

Hassem BENMANSOUR : Péhèmu. Vendeur hors pair. Spécialiste en organisation de paris.

Vincent FARRAULT : Timide. Son surnom le décrit parfaitement.

Armindo HERNANDEZ : Montagne. Le colosse de service. Parfois impressionnant.

Fatima LABED : Étincelle. Spécialiste en branchements électriques en tous genres. Artiste à ses heures.

André MARCIN : Bricolo. As du bricolage.

Mahong MBAIT JONGUE : Mots-Mots. Toute la sagesse de l'Afrique. Aime jouer avec le français. Se débrouille bien aussi avec un pinceau.

Aurélie MERLIN : Magie. Il est vrai qu'on ne comprend pas toujours les raisons de ses actes.

Fatna MOUJAHED : Douce. Très calme. Toujours prête à consoler les autres.

Kevin PEIXOTO : Bacho. L'«intellectuel» de la classe.
Bebie RAKOTONARIVO : Mada, de Madagascar, son pays d'origine.
Julie RUET : Minette. La pin-up de service. Toujours tirée à quatre épingles.
Seyfettin TURGUT : Cécomça. Très effacé sans pourtant être timide.
Po VA : La Chine. L'Asiatique de la bande.

Vraiment ! Dans quelle galère je me suis embarquée ? Mais quelle idée j'ai eu de demander ce poste !

PS : En plus, Jacques Pignard m'a dit qu'ils avaient un cri de guerre.

Re-PS : Et puis mince ! Je ne dois pas me laisser impressionner. J'en ai vu d'autres.

2. Surprise

Je m'appelle Vincent. Les autres, ceux de ma classe, me surnomment Timide.

J'ai treize ans et je suis mauvais élève même si cela va un peu mieux depuis que je fréquente le collège. À l'école primaire, c'était tellement la catastrophe que j'en fais encore des cauchemars.

Cette année, avec les copains, j'ai vécu une super-année scolaire. Tout ça grâce à Rase-Bitume, notre prof. Et pourtant, cornebidouille, le moins qu'on puisse dire est qu'on ne s'y attendait pas à la rentrée.

Aujourd'hui, premier jour des vacances d'été après cette formidable année, je rejoins les autres pour accomplir notre mission. Car ce que nous avons décidé de faire aujourd'hui est une véritable mission. Cela nous a coûté quelque argent mais ce n'est vraiment pas grand-chose. On doit bien ça à Rase-Bitume.

Je me souviens...

Septembre. L'enfer recommençait.

J'avais le moral au plus bas lorsque je retrouvai mes copains. Un pressentiment sans doute.

Pourtant, en sixième, le temps ne nous avait pas paru si long. On avait « mis de l'ambiance » en classe, histoire de voir passer les heures plus vite. Par contre, les profs avaient moins tenu la distance...

Logiquement, on aurait dû être heureux de se revoir car, si certains s'étaient croisés pendant les vacances, on ne s'était jamais réunis à quinze.

Toute la Palette était là. La Palette, c'est notre classe ou, plus exactement, notre bande. Elle devenait la cinquième SEGPA.

La SEGPA regroupe tous les élèves en très grosses difficultés scolaires, les hermétiques aux cours « normaux ». Une classe par niveau, de la sixième à la troisième. Nous nous retrouvons ainsi d'une année sur l'autre.

Les bâtiments de notre SEGPA sont un peu à l'écart du reste du collège et la distance qui nous sépare de celui-ci est beaucoup plus difficile à franchir qu'on pourrait le croire au premier abord.

Je rejoignis donc les copains. Mots-Mots parlait.

Dans la classe, on a tous des surnoms. Pour nous, c'est un peu comme des caricatures mais au niveau des mots. On force le trait, juste ce qu'il faut, et ça aide à sourire, même, et peut-être surtout, dans les moments difficiles.

Mots-Mots parlait donc :

— Ouais ! Hier, j'ai espionné la rentrée des profs depuis le parking du supermarché. Le nôtre — je l'ai vu discuter avec Pétard —, je vous dis que c'est une véritable armoire à glace. Avec des épaules comme ça...

Il écarta les bras au maximum avant de poursuivre :

— ... et une tête incroyable, qui filerait

la trouille au diable s'il le croisait en pleine nuit. Sûr que sa mère l'a bercé trop près du mur à la naissance !

Un frisson parcourut l'assistance. Tout le monde était impressionné, même Montagne.

L'an dernier, on avait tant fait les zèbres qu'on était persuadés que, cette année, l'académie nous enverrait un monstre pour nous mater. On en avait discuté le jour de la sortie, en juin, et, pendant les grandes vacances, chacun avait ruminé cette idée dans son coin.

— Dire qu'il va falloir passer une année avec ce type, se lamenta Minette. Autant dire qu'on risque de trouver le temps encore plus long avant d'entrer en quatrième...

— Ah ! Vivement qu'on fasse horticulture...

En SEGPA, quand on est en quatrième et en troisième, on commence à apprendre un métier et on travaille en atelier à mi-temps. Dans notre SEGPA, on a le choix entre trois ateliers : maçonnerie, cuisine et horticulture. J'ai hâte d'être horticulteur. Après, j'espère devenir paysagiste. Les plantes et les jardins me font rêver.

À cette rentrée, on n'avait déjà pas le moral, mais tomber sur le bonhomme que nous décrivait Mots-Mots ajoutait à notre morosité.

— En plus, va falloir travailler avec un type comme ça. Pas question de se tourner les pouces sinon bonjour les colles.

— Ça va être joyeux !

— Jamais je tiendrai...

— Pas de panique ! s'exclama Dorothée. D'abord, l'an dernier, on est venus à bout de profs certainement aussi coriaces. On va tout de même pas se laisser faire !

L'heure tournait.

On forma notre rond, en se tenant par les épaules et on cria :

— La Palette ! Bille en tête !

Le cœur n'y était pas. Notre cri de guerre venait de sonner faux.

On reprit notre marche et le calme qui flottait en nous annonçait une tempête que tous redoutaient. On remonta lentement vers le collège, entre les HLM qui formaient une sorte d'allée nous y conduisant inexorablement, comme si nous n'avions pas moyen d'y échapper.

On tournait au coin de la rue quand la sonnerie retentit.

— Courage, souffla Douce.

Cinq minutes plus tard, on se trouvait dans la cour du collège. Certaines classes étaient déjà rentrées mais pas celles de la SEGPA.

Soudain, on le vit surgir. Il était

encore plus carré que ce que Mots-Mots nous avait dit. Un géant ! Tout simplement un géant !

— Un vrai baobab ! gémit Mots-Mots.

Et chacun trembla un peu plus. On s'apprêtait à avancer quand il passa devant nous sans même nous regarder, pour rejoindre une autre classe de cinquième.

Là, on n'en revenait pas. Le pire n'était pas pour nous ! C'est alors qu'elle arriva : un petit bout de bonne femme qui entra en trombe dans la cour du collège en poussant un vélo.

— Eh, les gars ! Après Baobab, voilà Rase-Bitume !

Éclat de rire général.

Quelques secondes plus tard, encore essoufflée, Rase-Bitume se plantait devant nous.

— Allez hop ! En classe les cinquième SEGPA...

Sa voix était incroyablement fragile.

J'entendis Montagne murmurer :

— Ouais ! Rase-Bitume, c'est exactement le surnom qu'il lui faut. On va l'écraser en moins de deux.

— Et comme ça, ajouta Mots-Mots, elle pourra pas prendre les choses de haut...

À notre surprise, Rase-Bitume serait notre prof et aucun de nous n'imaginait dans quelle aventure il s'embarquait.

Armindo HERNANDEZ "Montagne"

3. À démolir

Rase-Bitume ne revenait pas à Montagne, vraiment pas.

D'abord, il refusa de sortir ses affaires. Ensuite, il traîna sa chaise et sa table jusque devant le bureau et se mit à fixer la prof avec un sourire en coin, pour bien lui montrer qu'il ne se laisserait pas faire. On s'attendait tous à voir Rase-Bitume s'exciter après lui, mais elle fit comme s'il n'existait pas. Tout pour remonter Montagne encore davantage.

Dès la sortie en récréation, il nous réunit du côté du gymnase, là où personne ne viendrait se mêler de nos affaires.

— Voilà ! dit-il. Rase-Bitume est une

casse-pieds. Je l'ai flairé. Alors, avant qu'elle nous casse les nôtres, on va lui casser les siens et comme ça elle se cassera parce qu'on l'aura cassée.

Montagne est ainsi : on peine parfois à le suivre dans ses explications.

— On va chercher de petites réjouissances qui vont lui gâcher la vie, poursuivit-il. Avec un peu de chance, elle ne devrait pas trop faire long feu avec nous. On pourrait peut-être même essayer de battre, voire de pulvériser notre record de l'an dernier. Taillée comme elle est, on devrait la démolir en moins d'une semaine.

L'an dernier, tout le monde aurait approuvé de tels propos mais là, si seule Mada argumenta, tous étaient d'accord avec elle. Pourquoi ? On n'en savait bigrement rien, en tout cas, c'était comme ça.

— Et si on écope de Baobab en remplacement ?

— Tu parles ! Il est pas prof de SEGPA. Et puis, même si on l'a, on le ratatinera aussi. L'an dernier, aucun ne nous a résisté. Rendez-vous ici après le déjeuner. Les externes, vous nous rejoindrez dès votre entrée. Faut avoir agi avant ce soir, histoire de lui offrir une première nuit agitée...

On se remit en rond pour pousser notre cri de guerre, mais le cœur n'y était toujours pas.

Chacun chercha pourtant dans son coin pendant le reste de la matinée. Rase-Bitume parlait pour des prunes vu que personne ne l'écoutait. Les affaires de Montagne étaient en hausse.

Le repas fut expédié et tous les demi-pensionnaires se réunirent à l'ombre du gymnase.

— Alors ? demanda Montagne. Vos idées pour démolir Rase-Bitume ?

Après quelques hésitations, on présenta plusieurs actions possibles. Seulement, Montagne se montrait difficile ce jour-là. Il refusait nos propositions, qu'il trouvait tour à tour classiques, ringardes, usées, irréalisables, trop gentilles...

On commencait à être secs quand Ficelle suggéra :

— On pourrait peut-être lui démonter son vélo.

Bricolo éclata de rire :

— Ah ! Ah ! Ah ! Parce que tu crois qu'elle va attendre gentiment que tu aies terminé pour le reprendre ? Faut du temps pour démonter un vélo.
— Ça, remarqua Mots-Mots, si elle nous voit faire, sûr qu'elle sera vite déchaînée...

— Et puis, objecta Magie, ça fichera pas le bazar pendant la classe.
Ficelle précisa son idée :
— Suffira de sortir pendant les cours, comme ça nous arrive quand on se dégourdit les jambes en allant aux toilettes. Le va-et-vient la chagrinera déjà un peu, juste assez pour qu'elle se demande ce qui se passe sans avoir de raison suffisante pour piquer une crise.

Montagne la fixa et, après un silence, lui tapa du doigt sur le front.

— C'est qu'y en a dans la petite tête, là.

Puis il se tourna vers nous et continua :

— Ficelle a raison. Voilà le truc.

Un problème se posa tout de suite : on n'avait pas pensé au matériel. Heureusement, Bricolo confondait déjà sac de classe et caisse à outils.

On élabora ensuite le plan d'action. Enfin, juste comme la cloche sonnait, on se remit en rond et notre cri de guerre retentit fièrement pour la première fois de l'année scolaire.

Rase-Bitume nous trouva très calmes au retour en classe et nous le dit avec un sourire grand comme ça. Si j'avais osé, je lui aurais précisé qu'il valait mieux qu'elle ne se réjouisse pas trop vite...

Bricolo glissa discrètement quelques-uns de ses ustensiles dans ses poches et le marteau dans une de ses manches, puis il leva l'autre main.

— Oui ? demanda Rase-Bitume, des fleurs dans la voix.

— Mademoiselle, est-ce que je peux sortir ?

— Voyons, André. Nous venons de rentrer.

— Oui, mais ça presse. Ça doit être le déjeuner...

Bricolo insista. Quand il revint, moins de dix minutes après, il adressa un clin d'œil à Montagne qui sortit à son tour.

Le ballet dura tout l'après-midi et Rase-Bitume ne broncha pas. Moi, je sortais un des derniers et j'avais à démonter le guidon. La mécanique n'est pas mon fort mais Bricolo m'avait bien expliqué et remplir ma mission fut presque un jeu d'enfant.

Dès la fin des cours, la Palette se propulsa au complet dans le jardin qui faisait face à l'entrée du collège, à côté du parking du supermarché. Les buissons de l'endroit nous dissimuleraient correctement.

Péhèmu organisa les paris sur l'heure de sortie de Rase-Bitume. On aimait bien parier entre nous et Péhèmu était fortiche pour organiser ça. On ne misait jamais rien mais il naissait de ces jeux une excitation qui nous plaisait beaucoup.

Rase-Bitume sortit du collège à 17 h 45 et Magie gagna le pari. 17 h 45, c'était trois quarts d'heure après nous. Par contre, personne n'avait deviné comment elle s'en irait.

Elle se trouvait dans la voiture de Pétard, le directeur de la SEGPA qui, sans aucun doute, la ramenait chez elle.

Ce soir-là, on se sépara sans joie et sans cri de guerre.

4. 8 septembre

La rentrée s'est plutôt bien passée. Je m'attendais à pire. À part Armindo, aucun ne m'a fait suer en cours même s'ils n'ont pas toujours été très attentifs, c'est le moins qu'on puisse dire. Ces chameaux m'ont cependant bien eue. Quelle idée aussi de les laisser sortir comme ça ! Ils ont eu tout le temps de démonter mon vélo.

J'en ai discuté avec Jacques qui m'a ramenée à la maison. Il voulait leur serrer la vis dès demain matin, mais je lui ai demandé de me laisser une journée de répit. J'ai une petite idée. Et puis, si je commence à aller le chercher à la moindre bricole...

5. Contre-pied

Je n'étais vraiment pas en forme au réveil, le lendemain, et je me « hâtais lentement » pour aller au collège.

Une sale journée s'annonçait et je m'attendais au pire. J'avais cauchemardé toute la nuit et mes parents s'étaient disputés. Mon père était parti au boulot en claquant la porte. Il devait être de très mauvais poil car il avait fait un tel boucan qu'il avait au moins réveillé l'immeuble sinon le quartier. Ensuite, j'avais renversé mon bol de lait en le sortant du four à micro-ondes. Le sol de la cuisine était transformé en piscine à mouches ! Il avait fallu éponger. Et pour couronner le tout, j'avais cassé ma brosse à dents.

La journée catastrophe me semblait inévitable.

En chemin, La Chine me doubla, sur son vélo. Je criai :

— Hé !

Il ne m'entendit même pas. Lui aussi devait avoir les pensées encombrées.

À ce moment, je vis Montagne se bagarrer avec deux élèves de quatrième C : Jaunet et un autre dont je ne connaissais pas le nom. Les coups volaient bas. Ça tapait dur. Montagne n'est pas du genre à rigoler et, quand il se frotte aux autres, ça cartonne. L'instinct de groupe nous reprit aussitôt et La Chine et moi hurlâmes sans évidemment nous être concertés :

— La Palette ! Bille en tête !

La Chine sauta de son vélo en urgence, se précipita aussi vite que moi sur les deux adversaires de Montagne. Je ne sais pas s'ils crurent que toute notre classe leur tombait dessus ou s'ils manquèrent de courage, en tout cas, ils ne demandèrent pas leur reste et détalèrent avant même qu'on les ait à portée de poings.

Quelques minutes plus tard, Montagne, La Chine et moi rejoignions les copains dans la cour du collège. Là, on se mit tous en rond dans un silence total que Montagne finit par rompre :

— Eh ben ! Vous en faites une tête. On dirait des bestiaux qui partent à l'abattoir.

— Tu as bien dormi, toi ? demanda Péhèmu.

— Moi ? Évidemment. Pourquoi j'aurais mal dormi ?

— Tu as pas peur pour le vélo ?

La sonnerie retentit et Montagne sembla soulagé de ne pas avoir à répondre à cette question. Il se hâta presque vers les rangs. Nous, on y alla lentement, très lentement. En silence. Seule Dorothée se répétait à voix basse :

— Pas de panique ! Pas de panique...

Baobab passa devant nous, un rictus bizarre aux lèvres. On s'attendait à voir Rase-Bitume débarquer en furie. Eh bien, pas du tout. Elle arriva avec un de ces sourires ! Simple. Plutôt que de nous rassurer, cela nous colla encore plus la trouille.

Elle prit la tête du rang. À la porte de la classe, elle ouvrit le battant, s'effaça puis clama :

— Entrez donc ! Je vous suis...

Bricolo et Magie ouvraient la marche. À peine le seuil franchi, ils se figèrent, comme congelés par une bourrasque polaire.

— Allez ! Vous avancez...

Bacho répéta l'ordre à trois reprises avant que Bricolo et Magie se décident à obtempérer. Et, les uns après les autres, on fut frappés de la même manière, ne sachant plus où se mettre.

Toutes les tables avaient été poussées contre les murs et, au beau milieu de la salle, à même le sol, trônait le vélo de la prof et ses pièces détachées parfaitement alignées.

Sûr, on nous aurait mis un vampire à cet endroit qu'on n'aurait pas été plus effrayés. Les cauchemars de la nuit me revinrent en pleine tête. Décuplés. Avec une telle mise en scène, Rase-Bitume allait nous en mettre plein les dents.

Le dernier entré, elle ferma tranquillement la porte puis alla se poster juste à côté du cadre. Elle arborait toujours son fabuleux sourire et notre malaise, déjà à un sommet, augmenta encore. Elle laissa s'installer un silence plus que pesant, qu'on aurait presque pu palper, puis elle nous dévisagea les uns après les autres. Moi, je ne pouvais soutenir son regard et baissai vite la tête. Je le sentis pourtant lorsqu'il s'arrêta sur moi, une sorte de chaleur intense me parcourut alors le corps. Je fus plutôt soulagé lorsqu'il se posa sur ma voisine de gauche, Dorothée, qui se répétait sans doute en elle-même : « Pas de panique ! Pas de panique... »

À ce moment, on frappa à la porte. Pétard passa la tête et demanda :

— Ça va ?

— Ça va ! lui répondit Rase-Bitume d'une voix qui me sembla presque joyeuse.

Pétard parti, le silence reprit place. Il dura, se prolongea, trop longtemps à mon goût. Enfin, Rase-Bitume se décida à le rompre :

— Merci !

On ne s'attendait pas à ce mot-là. Nouveau silence, de plus en plus lourd, et puis :

— Je ne sais pas qui a démonté mon vélo, mais je tiens à le remercier. En effet, comme vous avez pu le constater hier matin, il était en panne et avait besoin d'une révision. Ce démontage m'a fait gagner un temps précieux. Merci donc...

Je relevai la tête. Nous étions tous plus figés que jamais, embarrassés de nos cartables, ne sachant toujours pas quelle attitude adopter. Rase-Bitume nous lança une perche :

— Allez ! On dirait que vous avez avalé des manches à balai. Posez vos sacs et approchez-vous...

Personne ne bougea dans un premier temps. La tension monta encore d'un cran. Je crus percevoir un léger tremblement des mains de Rase-Bitume. Puis Minette s'exécuta, bientôt imitée par tous les autres.

Alors, la prof se lança dans un numéro de virtuose. Elle remonta son vélo comme par magie. Expliquant ce

qu'elle faisait, ses mains filait des pièces aux outils, fixaient les unes avec les autres sans qu'on ait le temps d'y voir grand-chose.

Tout le monde était médusé et, après le remontage, on remit la salle en ordre et suivit les cours. Et quand je dis « suivit », c'est vraiment le mot juste. La voix de Rase-Bitume nous emmena sans problème jusqu'au soir. Même Montagne mit son mauvais caractère en berne.

Une demi-heure avant la sonnerie annonçant la fin de journée, la prof nous dit :

— Voilà ! Je propose maintenant de faire quelque chose que nous pourrions recommencer tous les soirs... si vous le voulez, bien sûr : je vais vous lire un livre.

Tout le monde se demanda pour quels mioches elle nous prenait, mais personne n'osa broncher ouvertement. Elle continua donc :

— J'ai cherché une histoire qui puisse vous intéresser et j'ai choisi *L'Allumeur d'étoiles*, de Christian Comble. De la science-fiction, ça vous va ?

Elle montra la couverture multicolore peuplée de personnages aux allures bizarres. Toujours le silence. Elle commença donc à lire et, tout doucement, nous embarqua dans une aventure parallèle.

6. Fausse accusation

Deux semaines de passées... et on suivait toujours les cours. Il y avait bien sûr quelques sautes d'attention, mais ce n'était rien comparé à celles de l'année précédente.

En sixième, par exemple, on faisait souvent des tournois de bataille navale. Idéal pour dynamiter les profs. Pétard avait beau nous coller quand ils explosaient, ça ne changeait rien. L'un de ces profs avait cru malin d'organiser lui-même le tournoi après avoir surpris un groupe en train d'y jouer. La gaffe. Après, on voulait faire des tournois tous les jours. Le prof n'osait pas refuser. On sentait bien qu'il était mal mais cela ne nous dérangeait pas, au contraire. Comme ça, on échappait aux cours traditionnels et c'était chouette. Ces tournois quotidiens durèrent deux semaines, les deux semaines précédant les vacances de Noël. À la rentrée de janvier, un nouveau prof débarqua. On essaya le même truc avec lui, mais il ne se laissa pas faire. Alors, on le titilla autrement et, s'il tint un peu plus longtemps, on finit par l'anéantir aussi.

Oui, cette année, on se tenait à carreau. Il faut dire que, avec Rase-Bitume, les cours sortaient souvent de l'ordinaire.

Un jour, on s'était mis à discuter d'un film sur les corsaires vu à la télé la veille au soir. Rase-Bitume nous vanta alors les mérites de Surcouf pour qui elle éprouvait une véritable passion. Elle nous en parla avec chaleur. On sentait que le sujet la branchait. À la fin, on eut même droit à un abordage du *Kent* par la *Confiance*, qui n'était pas piqué des vers puisqu'elle alla jusqu'à grimper sur le bureau pour mieux nous expliquer la manœuvre du navire corsaire.

Une autre fois, elle nous emmena nous « promener », sur un globe et avec plein de photos, dans tous les pays d'où venaient les copains : Madagascar, la Chine, le Portugal, la Turquie, le Maroc, le Cameroun et l'Algérie. Chacun des copains concernés décrivit ce qu'il connaissait de son pays — ou du pays de ses parents, parce que certains n'y avaient jamais mis les pieds. Ils étaient fiers et ça nous faisait plaisir.

On n'avait plus vraiment envie de chahuter Rase-Bitume, mais Montagne s'était tout de même fait remarquer.

Cette fois-là, en passant près du bureau de la prof, il fit tomber la pile de cahiers qui s'y trouvait.

— Ramasse-moi ça Armindo ! lui ordonna Rase-Bitume alors qu'il regagnait sa place comme si de rien n'était.

Montagne n'obéit pas, allant même jusqu'à siffloter.

— Armindo ! Viens ramasser ce que tu as fait tomber...

La voix de Rase-Bitume avait prit un timbre que nous ne lui connaissions pas encore, un timbre presque métallique, dur, inflexible.

Montagne marqua une hésitation, mais regagna tout de même sa place. Alors Rase-Bitume se leva sans précipitation. Elle se dirigea droit vers Montagne qui n'était pas encore assis, le prit par le col de chemise et planta son regard dans le sien.

Chacun de nous retint son souffle.

Le copain aurait pu coller une grande baffe à la prof — il fait bien une tête de plus qu'elle — mais, après s'être mesuré avec elle quelques instants, les yeux dans les yeux, il baissa les siens et alla ranger la pile de cahiers.

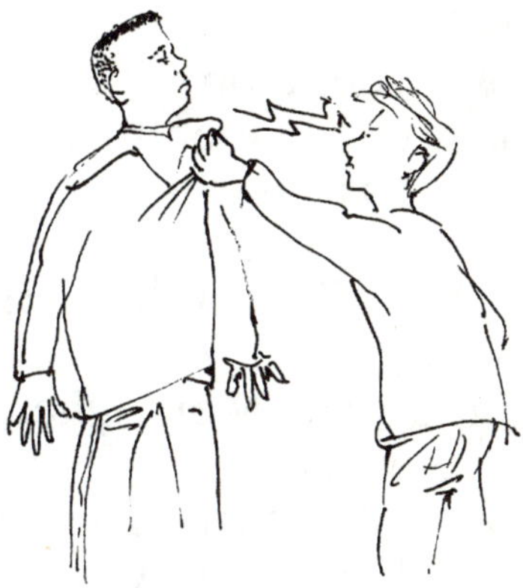

Montagne essaya d'autres trucs. Seulement, quand il réussit à surprendre Rase-Bitume, elle reprit chaque fois la situation en main dès la seconde tentative.

Nous, cette attitude nous impressionnait et on se demandait où elle trouvait une pareille énergie. Elle nous paraissait si fragile.

Ce lundi matin, Bricolo arriva très excité.

— Les copains ! s'exclama-t-il. J'en ai une bien bonne à vous annoncer.

Tous les regards s'accrochèrent à lui.

— Le collège ferme ?

— Non ! La prof fait des courses de vélo.

— La prof ! Quelle prof ?

— Rase-Bitume, évidemment.

Montagne s'esclaffa. Presque un rugissement.

— Ouaf ! Le vélo est bien trop dur pour elle...

— Je blague pas, Montagne. Je t'assure que c'était elle.

Alors Bricolo nous raconta qu'il était allé se balader la veille, dans la campagne, avec sa famille et, à un croisement de route, la voiture avait été bloquée par une course cycliste. Au passage des échappés, il s'était aperçu que les coureurs étaient en fait des filles et, dans le peloton, il avait remarqué une concurrente qui ressemblait terriblement à Rase-Bitume.

— Comme si tu pouvais la reconnaître à la vitesse à laquelle roule un peloton et, en plus, dans une tenue qui est différente de la sienne ici !

— Mais, on est allés à l'arrivée et je t'assure que c'était elle !

Bricolo ne démordait pas mais tout le monde se rangea à l'avis de Montagne... d'autant plus facilement que, depuis l'histoire des cahiers, il était de très mauvaise humeur dès qu'on parlait de Rase-Bitume et personne n'avait envie de chatouiller sa susceptibilité.

Et son humeur ne s'arrangea pas ce jour-là... au moins dans un premier temps.

On était rentrés en classe depuis moins de cinq minutes quand la porte s'ouvrit. C'était Pétard.

— Armindo ! Au bureau du principal.

— Qu'est-ce que j'ai fait, monsieur ? demanda Montagne avec son air innocent habituel.

— Tu le sais très bien. Ne discute pas. Direction le bureau du principal et au trot...

Montagne se leva en ronchonnant. Je l'entendis bougonner :

— ... Pas possible. C'est encore moi. À tous les coups...

On l'avait presque oublié lorsqu'il revint, une bonne demi-heure plus tard.

Il entra en trombe, sans même frapper, gagna la table en bousculant tout, s'assit dans un fracas assourdissant, remit toutes ses affaires dans son sac puis croisa les bras et posa sa tête dessus, comme s'il dormait.

Rase-Bitume était surprise. Comment allait-elle réagir ? Chacun s'interrogeait. Sûr que Péhèmu pariait déjà en lui-même. Elle se leva posément, se rendit auprès de Montagne dont elle souleva la tête.

— Armindo, dit-elle d'une voix qu'on sentait un peu troublée. Tu es en colère, certes. Tout le monde l'a constaté. Je ne sais pas ce qui vient de se passer mais je te préviens : il n'est pas question que tu fasses preuve d'impolitesse. Tu vas donc calmement retourner à la porte, tu vas frapper et, lorsque je t'aurai dit d'entrer, tu rejoindras tout aussi calmement ta place. Ensuite, si tu ne veux plus travailler, libre à toi. C'est ton problème...

Montagne avait un regard ! Je crus qu'il allait dévorer la prof toute crue.

— Pas de panique ! souffla Dorothée. Pas de panique...

Je ne sais pas si le copain l'entendit ou si Rase-Bitume l'impressionna. En tout cas, il baissa le regard, se leva sans ronchonner plus que permis... et obéit.

Quelques minutes plus tard, il était à nouveau assis la tête dans les bras. Rase-Bitume sembla soulagée.

Lorsqu'on sortit pour la récréation, la prof interpella Montagne.

— Armindo ! Reste, veux-tu. J'aimerais parler avec toi.

S'il souffla, les yeux au ciel, là encore il obéit. Dans la cour, Péhèmu prit les paris :

— Allez ! Qui veut jouer sur ce qui se passe en ce moment en classe. Un match de boxe Rase-Bitume contre Montagne ? Un sermon ? Une danse folklorique ? Allez ! Allez ! Osez miser et vous ramasserez...

Personne n'avait envie de rigoler. On

aurait tous voulu se transformer en souris pour aller voir et on ne tarda pas à se mettre en rang lorsque la sonnerie retentit.

On n'osait pas trop regarder Montagne en rentrant — ça ne fait en général qu'augmenter sa mauvaise humeur — mais là, tout le monde s'aperçut qu'il avait le bord des yeux rouge, comme s'il avait pleuré.

Qu'est-ce qui avait bien pu se passer entre Rase-Bitume et lui ? La question était plus que jamais d'actualité.

La prof attendit qu'on soit tous assis, puis elle prit un air grave et dit :

— Voilà ! Je viens d'avoir une longue conversation avec Armindo. Je crois qu'il nous faut parler à notre tour ensemble.

Parler, d'accord. Mais de quoi ?

Rase-Bitume semblait embarrassée pour aborder le sujet, un peu comme ce chien l'autre jour, à la campagne, quand il essayait de prendre dans sa gueule un hérisson roulé en boule. Elle croisa les doigts puis, finalement, expliqua :

— Bon ! Je crois que, entre certains

élèves des autres classes et vous, cela ne va pas fort...

Elle s'interrompit, comme pour juger de notre réaction. Pour l'instant, personne n'en avait, même si, à l'intérieur, un tel sujet ne pouvait nous laisser indifférents. Elle poursuivit :

— Il faudrait faire quelque chose pour changer cette situation désagréable, pour que vous cessiez de vous chamailler sans cesse avec d'autres élèves...

Ça y est ! J'avais tout compris. Jaunet et son acolyte de quatrième avec qui Montagne s'était encore frotté le museau le matin avaient dû pleurnicher auprès du principal.

Rase-Bitume continuait de nous baratiner sur l'absolue nécessité de mieux nous entendre avec les autres. Soudain, Cécomça la coupa :

— C'est eux qui nous cherchent. Alors ils nous trouvent...

La prof plissa les paupières.

— On ne va pas rentrer dans le jeu idiot consistant à savoir qui a commencé. J'aimerais plutôt qu'on essaye d'améliorer les choses.

— Mais, qu'est-ce qu'on pourrait faire ?
— Je ne sais pas, moi. Être utile, rendre service...
— On va tout de même pas leur cirer les godasses !
Rase-Bitume haussa le ton :
— Qui t'a parlé de cela, Myriam ? Je voudrais que nous nous rendions utiles envers les autres élèves sans devenir leurs domestiques, évidemment.
Silence. Même les mouches n'osaient plus voler. Finalement, Bricolo souffla d'une voix plus que fragile :
— On pourrait peut-être fabriquer des casiers pour ranger les cartables qui traînent dans le préau...
— Ah ! enfin une idée, se réjouit Rase-Bitume. Qui aurait autre chose à proposer ?
La Chine se risqua :
— Aider les sixièmes à faire leurs devoirs...
— Ça va bien, oui ! On a déjà assez de mal avec les nôtres.
— T'affole pas Étincelle, rigola Mots-Mots. Sinon tu vas te faire allumer.
— Peut-être qu'on pourrait vendre des croissants et des petits pains...

Tout le monde se tourna vers Péhèmu qui rougit. Il ne s'attendait pas à un tel succès et cria presque la suite :

— Ouais ! Et puis comme ça, on gagnerait plein d'argent. On pourrait se payer un voyage avec...

Les esprits s'enflammèrent soudain

et le brouhaha envahit la classe. Rase-Bitume tapa dans ses mains.

— Allons ! Allons !

Le calme ne revenait pas. Elle insista et put enfin placer les mots qu'elle voulait :

— L'idée de Hassem n'est peut-être pas mauvaise...

L'intéressé montra ses biceps et s'exclama :

— Qui c'est la bête ?

— S'il te plaît, Hassem... Je disais donc que l'idée de votre copain n'est peut-être pas mauvaise. Je tiens quand même à vous préciser que notre souci n'est pas de gagner de l'argent mais de rendre service. Si nous vendions quelque chose, nous le ferions bien sûr au plus juste prix.

Petit murmure de désappointement que Rase-Bitume désamorça :

— Bon ! Je crois qu'il faut encore réfléchir. Nous en reparlerons demain. Pour l'instant, c'est l'heure de l'éducation physique. Prenez vos affaires et direction le gymnase...

En fin de journée, la prof nous lut un nouveau chapitre de *L'Allumeur d'étoiles*. Plus le temps passait, plus j'aimais, plus j'avais envie de connaître la suite.

7. 23 septembre

Pour l'instant, les fauves ne sont pas si terribles et j'arrive à les contenir. C'est vrai qu'ils sont « vivants » mais ils ont des côtés sympathiques.

Armindo est celui qui m'inquiète le plus. Je ne sais pas toujours par quel bout le prendre. L'autre fois, avec l'histoire des cahiers, j'ai cru qu'il allait me bouffer et j'ai vraiment eu peur. Par contre, il est parvenu à se confier un peu pendant la récréation. Peut-être que...

J'ai passé un coup de fil ce soir à Christian. Il a été enchanté d'apprendre que mes élèves appréciaient L'Allumeur d'étoiles. *À suivre...*

8. Mise en place

Je ne sais pas à quoi les copains avaient rêvé pendant la nuit. Moi, en tout cas, j'avais songé ferme à la boutique et je voyais un véritable supermarché se mettre en place dans le collège. On y vendrait de tout ou presque : des gâteaux et des bonbons, évidemment, mais aussi du matériel scolaire et, pourquoi pas, des vêtements pour que tous les élèves soient à la mode. Des disques aussi, et du matériel hi-fi. Les prix pratiqués défieraient toute concurrence. Les autres élèves seraient enchantés et feraient même chez nous les courses pour leur famille. Évidemment, avec les bénéfices, on se paierait un voyage en Amérique. Moi, elle m'a toujours fait rêver. Je ne rate jamais un reportage sur elle à la télé.

Sur le chemin du collège, je retrouvai quelques copains. On discuta un peu et je m'aperçus qu'ils avaient au moins autant déliré que moi.

On était tous très excités lorsque est arrivée l'heure d'entrer en classe et Rase-Bitume dut râler un peu car personne ne sortait ses affaires. Finalement, quand on finit par lui obéir, elle demanda :

— Alors ? Vous avez réfléchi à l'idée d'hier soir ?

— Ouais ! Tout le monde veut faire un magasin.

Cette unanimité sembla d'abord réjouir Rase-Bitume mais elle déchanta vite lorsqu'on lui exposa tout ce qu'on projetait de vendre.

— Eh ! finit-elle par dire. Nous devons encore avoir classe, et si nous pouvons vendre quelques petites choses, il ne faut pas que le magasin envahisse notre vie scolaire. Et puis, même si cela vous amuse au début, vous risquez d'être découragés par des contraintes trop importantes. Il ne faut pas trop se charger si nous voulons respecter nos engagements.

La discussion dura un bon moment et, finalement, la prof réussit à enlever le morceau. On se rangea à son idée : notre boutique ne vendrait que des viennoiseries dans un premier temps. Plus tard, on ajouterait peut-être des sucreries.

On se demanda ensuite où on allait installer ce magasin et, une nouvelle fois, les délires reprirent. Certains voulaient carrément construire un local, quand Magie proposa :

— Les autres viennent jamais dans les bâtiments de la SEGPA. Ouvrons la boutique à l'intérieur, comme ça, ils viendront un peu.

L'idée était excellente et Mada et Cécomça furent chargés de négocier avec Pétard pour obtenir un lieu. Ils se rendirent chez le directeur à la récréation.

Il nous fallut ensuite trouver un nom et, après bien des palabres, on retint celui de Au Croissant Gourmand.

Et puis on dressa la liste de tout ce dont on pourrait avoir besoin : enseigne, tableau des prix, affiches pour la publicité, tables, cahier de comptes, tabliers pour les vendeurs, etc.

Enfin, Mots-Mots posa la question cruciale à laquelle personne n'avait pensé :

— Ouais ! C'est bien beau tout ça, mais où on va se procurer l'argent pour démarrer notre affaire ?

— Essayons d'abord d'évaluer combien cela nous coûtera.

Chacun sortit son cahier de brouillon et commença à chercher dans son coin. D'habitude, moi, je n'aime pas les mathématiques. Eh bien là, j'ai apprécié même si j'ai un peu peiné à faire l'addition finale qui m'impressionna. Bacho avait bien sûr fini avant tout le monde.

Même si les chiffres de certains étaient fantaisistes, on s'aperçut qu'on avait besoin de mille francs minimum pour mettre en place la boutique. Mille francs, c'était beaucoup pour nous et on ne savait pas comment les trouver.

— Y a qu'à ouvrir une autre boutique pour gagner l'argent, proposa Ficelle.
— Et avec quel argent tu vas la créer ?
— Y aura qu'à aménager une autre boutique.
— Eh ! Ça va pas la tête ! On va jamais y arriver.

Alors Ficelle sourit et tout le monde comprit qu'elle blaguait. Comme dirait Mots-Mots : Ficelle, des fois, elle nous embobine bien et ça ne nous met même pas les nerfs en pelote.

— Et si nous allions demander au foyer de nous aider ? proposa Rase-Bitume.

Demander au foyer, c'était d'abord aller voir le principal. Personne ne semblait très chaud. Alors, Montagne bougonna :

— J'irai, moi. Ce sera l'occasion de rencontrer le principal pour autre chose qu'un sermon ou une distribution de colles.

Montagne sortait de sa coquille. Ça me réjouit car il était jusqu'alors le seul à ne pas faire ne serait-ce qu'un peu confiance à Rase-Bitume, ce qui me chagrinait. Enfin, il n'appréciait pas la prof en cours mais le soir, par contre, il aimait sa lecture du livre. Il me l'avait avoué.

Mahong Mbait-JONGUE
« Mots-mots »

9. Inauguration

Ça, on n'a pas chômé pendant deux semaines. Le matin et jusqu'à une demi-heure avant la récréation de l'après-midi, on faisait le travail scolaire classique. On s'en serait bien passé mais Rase-Bitume ne voulait rien lâcher. La lecture de *L'Allumeur d'étoiles* avait maintenant lieu juste avant cette seconde récréation. On y tenait plus que jamais. C'était super : « Le suspens est à son comble... comme Christian », répétait Mots-Mots.

Travailler sur la boutique ne me plaisait pas toujours, du moins pas autant qu'à certains copains, mais j'avais envie de faire plaisir à notre prof. Tour à tour souriante et sévère, elle trouvait le ton et les mots dont j'avais sans doute besoin. C'était complètement nouveau pour moi. Par

exemple, elle ne s'énervait pas lorsque je ne comprenais vraiment pas. Elle essayait de m'aider de mille manières dont les astuces me surprenaient parfois. Par contre, quand je ne me fatiguais pas, elle le remarquait, me houspillait et je dois reconnaître que je faisais alors un effort.

Mada et Cécomça négocièrent très bien avec Pétard qui mit une des anciennes salles de classe du vieux préfabriqué à notre disposition.

On s'était réparti les tâches pour l'installation :
Montagne et Bacho jouaient les déménageurs de service et se chargeaient de

récupérer le matériel lourd : tables, chaises, etc. Et pour déménager, ils déménageaient. Ils déménageaient tellement qu'un jour, ils récupérèrent une table dans l'atelier d'horticulture sans rien demander à personne. Pétard s'enflamma et Rase-Bitume dut utiliser l'extincteur de son sourire pour lui éviter d'exploser.

Péhèmu se chargeait de préparer le cahier de comptes parce que, quand il s'agit de compter de l'argent, Péhèmu est toujours le premier.

Pour tout ce qui était tissus (torchons, tabliers, blouses), Minette et Ficelle se portèrent volontaires.

Elles voulaient qu'un garçon vienne avec elles mais personne ne se décida, même quand Rase-Bitume nous mit en boîte.

Mots-Mots et Étincelle, les « artistes » de la Palette, fabriquèrent l'enseigne. Étincelle réussit même à l'équiper d'une ampoule électrique du meilleur effet.

Le tableau des tarifs fut l'œuvre de Cécomça et la Chine.

Douce et Magie négocièrent les produits et surtout leur prix avec les boulangers du quartier. Elles en dénichèrent un sympa qui nous consentit une ristourne intéressante.

Même Péhèmu trouva qu'elles s'étaient bien débrouillées et pourtant, comme dit mon père, il est dur en affaires.

Quant à Bricolo et moi, on se chargea des affiches publicitaires : fabrication sur un des ordina-

teurs du collège, reproduction à la photocopieuse et affichage dans tout l'établissement.

À cette occasion, on eut droit à nos premières remarques sur notre boutique. Le moins qu'on puisse dire est que l'enthousiasme n'était pas au rendez-vous. Certains même nous méprisaient franchement, à commencer par Jaunet et son « ombre », qui se payèrent notre tête. On en parla en classe mais Rase-Bitume nous dit de ne pas y attacher d'importance. N'empêche, ça faisait mal au cœur et si elle ne nous avait pas fait promettre de ne plus nous bagarrer, on aurait déjà volé dans les plumes de ces rabat-joie, histoire de leur apprendre à vivre.

Pour l'inauguration, les quatrième et troisième SEGPA nous prêtèrent leur atelier-cuisine où on prépara des petits fours. Cornebidouille ! On en prépara beaucoup plus que ceux mis sur les tables car ils étaient si appétissants que tout le monde en mangea avant, en particulier Péhèmu qui disait qu'ils étaient si délicieux qu'on aurait pu les vendre un bon prix.

Après le travail vint l'inauguration.

Pour la première fois, j'eus peur au collège pour une autre raison que des devoirs pas faits, des leçons non apprises ou une ânerie découverte. Il faut dire qu'il y avait de quoi.

Toutes les huiles du collège étaient invitées, même le principal qu'on appelait maintenant Copain-de-Montagne. Ça ne plaisait pas toujours à Montagne mais il était devenu moins susceptible.

Les huiles étaient donc là, mais pas un élève des autres classes.

Rase-Bitume se fit toute coquette pour l'occasion et mit une superbe robe qui la fit paraître encore plus légère, plus fragile. À un moment, Bacho me glissa à l'oreille :

— Heureusement que c'est pas un jour de grand vent parce qu'autrement, on risquerait de la voir s'envoler...

Je n'eus que le temps de lui adresser un sourire car le premier discours allait commencer.

Copain-de-Montagne s'avança vers le micro. Il se racla la gorge et prononça les premiers mots.

Au début, j'étais comme les autres, j'essayais de comprendre mais cela ne dura pas. Le principal employait de ces mots, avec des syllabes en quantité et des trucs en « ment », qui faisaient tout drôle aux oreilles. Ça n'avait rien d'intéressant.

Par la suite, on en reparla avec Rase-Bitume qui nous expliqua que le principal nous avait félicités et que les termes employés étaient très flatteurs.

— Je sais pas s'ils étaient flatteurs ou flotteurs. En tout cas, moi, je nageais, remarqua Mots-Mots.

Après Copain-de-Montagne, ce fut le tour de l'adjoint au maire. Encore plus long et au moins aussi incompréhensible. Puis Pétard baratina. Lui, on comprit mieux parce qu'on avait plus l'habitude, surtout que là il parlait avec sa voix sympathique, celle qui donne envie de lui serrer la main à tout bout de champ. Cela dit, lui aussi fut long. On commençait à s'inquiéter ferme pour les petits fours. Heureusement que l'hiver approchait car, autrement, la crème aurait tourné. Péhèmu était sans doute le plus affolé. Il roulait des yeux comme s'il avait voulu dévorer les gâteaux du regard et, dans son dos, Dorothée ne cessait de répéter : « Pas de panique ! Pas de panique... »

Pour terminer, le principal demanda à Rase-Bitume de prononcer aussi un discours. Elle certifia d'abord qu'elle ne savait pas et nous on était prêts à la

croire sur parole. Finalement, la prof s'approcha du micro et dit :

— Je ne suis très sincèrement pas douée pour les discours alors, au nom de mes élèves, je préfère vous remercier tous et vous inviter à passer au buffet.

Qu'est-ce qu'on était heureux de lui obéir ! Surtout Péhèmu.

Après toutes ces réjouissances allait venir le véritable travail, travail qui allait être très différent de celui qu'on avait imaginé. Là, on verrait si on était capables de respecter nos engagements. Rase-Bitume avait bien insisté là-dessus.

10. 14 octobre

La boutique est inaugurée et les vacances de la Toussaint approchent. Ouf !

Bilan plutôt positif, même si mes zèbres sont encore parfois un peu sauvages. Il me faut sans cesse trouver des idées pour les apprivoiser. En aurai-je assez pour aller jusqu'à la fin de l'année scolaire ? Heureusement, les collègues sont là et je peux discuter avec eux, avec Jacques, en particulier.

Penser à exploiter le CDI.

Bétrie RAKOTONARIVO
"Nada"

11. Débuts difficiles

On était très heureux de l'inauguration. Les honneurs auxquels on avait eu droit nous avaient fait très plaisir. Je crois même que, pour moi, c'était la première fois que j'avais eu droit à des félicitations depuis que je me traînais dans un établissement scolaire. De quoi ronronner de bonheur.

La nuit qui suivit, je fis des rêves merveilleux. La clientèle se bousculait à la porte du Croissant Gourmand. Nos pires ennemis, Jaunet en tête, venaient même nous embrasser car ils mangeaient des choses délicieuses pour presque rien. Le foyer était remboursé intégralement avec la moitié des bénéfices du premier jour et même Péhèmu se laissait affoler par les chiffres. C'était fantastique.

Le lundi d'après, on arriva tous au collège en pleine forme et on poussa un formidable cri de guerre dès qu'on se retrouva dans la cour, sans doute le plus beau de cette année. Quelques minutes plus tard, Rase-Bitume nous aidait à redonner aux choses leur juste valeur :

— Que nous puissions déjà rembourser le foyer dans le premier mois et ce ne sera pas mal.

On la jugeait bien pessimiste et on attendait avec impatience la récréation au cours de laquelle les élèves des autres classes ne manqueraient pas de se précipiter vers nous.

La sonnerie retentit à 10 h 20. On était prêts, chacun à son poste.

J'étais du premier service et je devais accueillir les clients : ouvrir la porte, sourire, etc. Le grand jeu, quoi. Mots-Mots, Minette et Mada se chargeraient de servir. Ils étaient trois parce que, quand la foule arriverait, il faudrait réduire l'attente au minimum afin que chacun se sente bien chez nous. Péhèmu trônait derrière la caisse et Rase-Bitume supervisait l'ensemble.

Deux autres équipes devaient assurer l'après-repas et la récréation de l'après-midi.

La sonnerie annonça la fin de la récréation. On était toujours à nos postes mais, en dehors d'une élève de cinquième, on n'avait pas vu un client. Encore plus fauchés que nous, quelques copains des autres classes de la SEGPA passèrent nous voir, mais ils n'achetèrent pas grand-chose. Le moral de la Palette rasait le carrelage.

Non seulement on n'avait pas fait de bénéfice mais, en plus, il nous restait au moins cent gâteaux sur les bras. La catastrophe.

Rase-Bitume nous dit de ne surtout pas nous décourager et de profiter de l'interclasse, après le déjeuner, pour

faire de la publicité dans les couloirs.

Avec le reste de peinture de l'enseigne et un morceau de contreplaqué, on fabriqua un panneau qu'on exposerait sous le préau, puis on se répartit par groupes pour aborder les élèves un peu partout dans le collège.

On mit tellement de cœur à faire

cette publicité que cela faillit finir en bataille rangée. En effet, la plupart des élèves des autres classes furent abordés par plusieurs groupes. Comme la diplomatie n'était hélas pas toujours au rendez-vous, ils en furent importunés et certains faillirent échanger des coups de poing avec nous.

Résultat : personne à la récréation de l'après-midi et toujours une bonne centaine de gâteaux sur les bras, gâteaux qu'on se partagea pour les emmener chez nous et les manger en famille. Ces gâteaux furent les premiers à me rester sur l'estomac.

Le lendemain et toute la semaine suivante, on acheta beaucoup moins de gâteaux au boulanger mais, comme on n'eut qu'une seule cliente — l'élève de cinquième du premier jour —, en dehors des copains de la SEGPA toujours aussi fauchés, il nous fallut encore en emmener chez nous... et le trou financier se creusa un peu plus.

Le découragement était général. Tous nos rêves s'effondraient et on se rendait à la boutique avec de plus en plus de mal. Pour ne rien arranger, ce commerce boiteux nous privait de certaines récréations et on le supportait de moins en moins. Rase-Bitume insistait pour qu'on respecte nos engagements et on faisait des efforts. Ce qui me blessait le plus, ce n'était pas les engagements à respecter alors que le cœur n'y était plus vraiment, mais plutôt le fait de trahir mes rêves.

La journée suivant les vacances de la Toussaint commença par un bilan. L'idée générale était qu'on devait arrêter les frais. Notre dette envers le foyer avait en effet doublé et la somme nous impressionnait. Rase-Bitume essayait de nous encourager à persévérer quand Péhèmu proposa :

— Et si on allait vendre directement dans les couloirs plutôt que d'attendre bêtement les clients ?

La suggestion ne souleva pas l'enthousiasme mais fut retenue. Au début, deux paniers seulement seraient mis en circulation avec consigne formelle de n'importuner personne.

La formule n'eut guère plus de succès et notre amie de cinquième — qui s'appelait Justine Sorbier — resta pratiquement notre seule cliente. En outre, on en prit plein les oreilles et les critiques fusèrent à notre passage : croissants pas frais, trop chers... Tout ne reposait évidemment que sur la mauvaise foi, mais cela nous touchait quand même.

Le découragement fit peu à peu place à la révolte. Les autres n'étaient que des imbéciles et ne méritaient pas qu'on se décarcasse pour eux. Montagne recommença à parler de règlement de comptes.

— C'est Jaunet et son idiot de copain qui nous débinent dans le dos.

L'ambiance en classe se détériorait. On était moins attentifs. Rase-Bitume perdait parfois patience.

Heureusement, ces journées pénibles se terminaient par la lecture d'un nouveau chapitre de *L'Allumeur d'étoiles*. Les aventures du héros ne cessaient de nous passionner et nous permettaient de rentrer chez nous avec un meilleur moral. Seulement, il ne restait guère de pages et ça nous chagrinait chaque jour un peu plus.

12. Nouveaux événements

Rase-Bitume nous proposa un nouveau livre de Christian Comble le jour où elle acheva le dernier chapitre de *L'Allumeur d'étoiles*. Il s'intitulait *La Guerre des moineaux*.

Cette fois, ce n'était plus une histoire de science-fiction mais celle d'une bande de mômes qui vivaient de nos jours dans une cité comme la nôtre. Là encore, l'histoire nous accrocha tout de suite.

Alors, à la fin du deuxième chapitre, la prof nous proposa :

— Ça vous dirait de rencontrer l'auteur de ces deux livres ?

Là, on ne comprenait pas trop ce qu'elle voulait dire.

— L'auteur, c'est bien l'écrivain ? s'interrogea Bacho à voix haute.

— Oui !

— Mais un écrivain, c'est mort.

Rase-Bitume s'esclaffa :

— Il faut bien qu'il y en ait de vivants pour écrire de nouveaux livres.

— Vous connaissez Christian Comble ?

— C'est un ami. Il habite à quelques kilomètres d'ici.

— On vous croit pas.

Alors la prof écrivit une adresse au tableau.

— Si vous voulez, on lui écrit. Vous verrez bien s'il nous répond.

Personne ne croyait vraiment à cette proposition mais on accepta de jouer le jeu et, le lendemain matin, on écrivit chacun une lettre à Christian Comble. Moi, cornebidouille, ça me fit un drôle d'effet de m'adresser à un écrivain et je me dis en moi-même : « Pourvu qu'il existe ! »

De retour en classe l'après-midi, Rase-Bitume remarqua :

— Tiens ! Armindo n'est pas là ?

La place était vide et ça se voyait ! Des fois, la prof posait des questions vraiment idiotes.

— Savez-vous où il est ?

Évidemment que oui. Quand il y avait une histoire au collège, on était très rapidement au courant. Mots-Mots expliqua :

— Ben, c'est pendant l'interclasse, mademoiselle. Il s'est passé un truc.

— Entre Armindo et qui ?

— Au départ, Mont... euh, Armindo y était pour rien. C'est Justine, notre seule vraie cliente, qui a eu son vélo abîmé.

— En quoi cela regarde-t-il Armindo ?

— Ben, d'autres élèves l'ont accusé. Ça lui a pas plu alors il leur est rentré dedans...

— Et il est à nouveau chez le principal...

— Exact, mademoiselle.

On s'est tous mis à parler :

— C'est pas juste !

— Il y est pour rien, il était avec moi.

— C'est toujours lui...

— Y en a marre !

Rase-Bitume venait à peine de reprendre la situation en main lorsque Montagne revint, accompagné de Pétard.

— Je veux que cette histoire de vélo soit tirée au clair, gronda le directeur de la SEGPA.
— C'est pas moi, monsieur, se défendit Montagne. C'est pas moi. Je vous le répète.
— Alors qui est-ce ?
Montagne trembla soudain. Il hurla :
— C'est pas moi !
Et il se mit à pleurer. Ça, ça nous surprit. Montagne qui pleurait ! Dorothée laissa échapper quelques « pas de panique » et nous, on faillit tous se glisser sous nos tables. Pour

que Montagne pleure, il fallait qu'il en ait gros sur la patate. Pétard essaya d'élucider l'affaire pendant encore un bon quart d'heure puis, finalement, il décida de rejoindre son bureau. Normal, vu qu'on était étrangers à cette histoire.

Rase-Bitume tenta de ramener le calme, en vain. La révolte n'avait rien perdu de sa vigueur, bien au contraire.
— C'est incroyable, râla Minette. On

est toujours accusés. Et pourquoi ce serait pas un élève d'une autre classe ?

Magie accompagna les propos de notre copine de signes de tête approbateurs. D'autres prirent le relais verbal de Minette. La tension montait, ainsi que le niveau sonore. Soudain, Montagne bafouilla :

— C'est pas juste. Justine, je l'aime bien et pour le montrer, je vais réparer son vélo.

Rase-Bitume sauta sur l'occasion.

— Oui ! Tu as raison, Armindo. Mais je crois que ce serait encore mieux si nous mettions tous la main à la pâte. Qui veut aller voir ce qui est cassé sur ce vélo ?

La Chine et Mada levèrent timidement la main. Rase-Bitume griffonna quelques lignes sur une feuille qu'elle leur tendit :

— Prenez ce mot au cas où quelqu'un vous demande ce que vous faites. Et pas de bêtises, hein. Je vous fais confiance...

La Chine et Mada la rassurèrent puis partirent sans attendre. La porte à peine fermée, Ficelle s'interrogea :

— Et si on n'a pas le temps de réparer le vélo ce soir, comment Justine va rentrer chez elle ?

— Pas de panique, dit Dorothée. Moi, j'habite juste à côté du collège. Je lui prêterai le mien. C'est un vrai tas de ferraille mais il roule encore. Elle me le ramènera demain matin.

Rase-Bitume approuva d'un grand sourire.

On chercha ensuite comment se procurer les outils nécessaires. Là, la prof avait sa réponse.

— J'apporterai les miens, comme j'ai fait lorsque nous avons remonté mon vélo, en début d'année... Et puis je crois que certains d'entre vous en ont et savent très bien s'en servir... En septembre, si je me rappelle bien...

Rase-Bitume n'en dit pas davantage et s'arrêta sur un sourire moqueur. Bricolo rougit jusqu'au bout des oreilles. Montagne se hâta de reprendre la conversation, histoire de donner le change :

— Seulement les pièces détachées, ça risque de pas être simple.

— On peut aller en chercher dans une décharge.

— Ouah ! Bonjour l'odeur...
— Et alors, t'es trop fragile pour pas supporter ça ?

Le ton montait à nouveau. Rase-Bitume se hâta de calmer les esprits :
— Oh ! Oh ! Doucement. Pas de panique, comme dirait Dorothée. Attendons de voir ce qu'il faut réparer.

La Chine et Mada eurent la bonne idée de revenir à ce moment.
— Alors ? avons-nous interrogé d'une seule voix.
— Alors, il y a pas mal de dégâts : le phare avant et le feu arrière, la peinture qui a été grattée à certains endroits, les deux pneus crevés et la selle déchirée au cutter.
— Plus les câbles de frein coupés et les garde-boue tordus.

Un court silence suivit ces dernières paroles, silence que rompit Mots-Mots d'une voix sourde :
— Ben ! Ça fait un paquet de réparations...
— Y en a pour des sous...
— Ouais ! Dommage que la boutique marche mal. On pourrait peut-être se cotiser ?

On était tous du genre « poche percée » mais on adopta la proposition d'Étincelle à l'unanimité. Rase-Bitume avancerait l'argent et la Chine et Mada se chargeraient de faire les achats.

Tout était prêt. Il ne nous « restait plus » qu'à demander à la propriétaire du vélo si elle acceptait notre aide.

13. 25 novembre

Fin de semaine forte en émotions. Mes ouistitis passent leur temps à m'en procurer de nouvelles.

D'abord jeudi. Christian est sympa de m'avoir proposé de rencontrer ma classe. L'incrédulité des mômes était adorable. J'ai fondu.

Vendredi matin, ils ont écrit de superbes lettres à Christian, naïves mais bourrées de tendresse, même les gros durs comme Armindo. Je crois qu'il sera content. Pourvu que ce projet marche...

Vendredi après-midi, la douche écossaise : d'abord la nouvelle accusation contre Armindo et puis cette révolte saine. Ça me réchauffe le cœur.

14. À confirmer

Justine avait retrouvé son vélo depuis une semaine. Elle était contente et nous aussi. De voir ce bonheur dans ses yeux, ça nous récompensait.

Sa bécane était maintenant comme neuve. Peut-être même encore mieux car, si les pièces ressemblaient beaucoup à celles d'origine, on n'avait pas pu refaire la peinture à l'identique et, plutôt que de barbouiller d'horribles retouches, Mots-Mots et Étincelle lui avaient peint une véritable aventure sur le cadre : en fait, différentes scènes de la vie de notre collège, un peu comme une bande dessinée mais sans bulles. C'était vraiment rigolo. Rase-Bitume s'exclama :

— On dirait la tapisserie de Bayeux !

Nous, la tapisserie de Bayeux, on ne savait pas ce que c'était, mais pour que notre prof en fasse mention, ce devait être important. Le lendemain, elle nous emmena au CDI pour chercher des bouquins qui nous renseignèrent dessus. C'est vrai qu'une BD ressemble à la tapisserie de Bayeux, même s'il n'y a pas de cases. Mais, comme dit Mots-Mots, broder une BD, ça doit être coton.

Le jour suivant, un mercredi, Justine passa devant mon bâtiment alors que j'en sortais pour traîner dans le quartier et tuer le temps. Elle était à vélo et me proposa :

— Tu viens faire un tour ? Je vais me balader et j'ai pas envie d'y aller seule.

On roula tous les deux pendant près d'une heure, jusqu'à la forêt de Russy qui borde notre cité, au nord.

Justine était encore plus heureuse qu'au collège. Elle riait d'un rire qui me donnait des ailes et m'aidait à ne pas trop sentir les pédales. Plusieurs fois, le vent m'apporta son parfum. C'était très agréable.

Je la raccompagnai chez elle et la quittai à regret.

En classe, l'ambiance s'était améliorée. On attendait maintenant la réponse de l'écrivain et ça nous excitait. On retrouvait une certaine chaleur et j'aurais presque commencé à me plaire dans ce bahut s'il n'y avait pas eu la boutique.

C'était toujours le fiasco de ce côté, même s'il y avait un petit mieux puisque Justine nous amenait parfois ses copines. On était de plus en plus à l'aise ensemble.

Les autres élèves de SEGPA venaient aussi de temps en temps, mais Rase-Bitume faisait toujours attention à ce moment-là car, deux ou trois fois, on avait chahuté fort avec eux et la bonne tenue de la boutique s'en était ressentie.

À présent, on gérait nos affaires avec beaucoup plus de prudence et on n'achetait que quelques gâteaux chaque matin. Et puis on passait en salle des profs à la récréation pour en vendre quelque-uns. Cela ajouté à Justine et ses copines...

Ce matin-là, Bricolo arriva très excité.

— Eh ! Maintenant j'ai la preuve que Rase-Bitume participe bien à des courses de vélo.

Il sortit une cassette vidéo de son cartable en faisant plein de chichis.

— Tu parles ! Il peut y avoir n'importe quoi sur ta cassette.

— Je sais ! C'est pour ça que je vous invite à la maison ce soir, après le dernier cours. La famille sera encore au boulot. Donc, pas de problème. Seule-

ment faudra me promettre de pas faire de bazar. Nos voisins ont l'oreille sensible et ils cafardent tout à mes vieux.
— Et qu'est-ce que tu as enregistré ?
— Ha ! Ha ! Ha ! Mystère ! Tu le sauras ce soir, pas avant.

Cornebidouille ! Bricolo ménageait des fois le suspens comme Christian Comble, mais le problème c'était que, pour Christian Comble, ça me plaisait tandis que pour Bricolo, j'avais presque envie de lui tordre le cou... pour rire, évidemment.

Un quart d'heure après la fin des cours, on se retrouva tous chez Bricolo, dans la salle de séjour. On avait un peu réorganisé la pièce parce que, sans cela, certains risquaient de mal voir la télé.

Bricolo glissa la cassette dans le magnétoscope et, soudain, des coureurs cyclistes apparurent.
— Qu'est-ce que c'est que ce truc ?
— Les derniers championnats de France cyclistes sur route. Mon oncle est allé les voir en juillet dernier. Il a filmé toutes les courses. Il était dans la voiture d'un des commissaires.

— C'est pour ça que tu nous as fait venir ? Mais qu'est-ce que Rase-Bitume a à voir avec ce machin-là ?

— Pas de panique ! rassura Dorothée.

Bricolo saisit la télécommande et mit en marche l'avance rapide. Après dix minutes au compteur de l'appareil, il reprit la vitesse normale.

— Maintenant, commanda-t-il, regardez bien...

Sept coureurs surgirent sur l'écran. Il pointa du doigt un concurrent au maillot rouge et blanc. Chacun fixa l'individu désigné et, soudain, Cécomça s'exclama :

— C'est une fille !

— Évidemment ! Vous assistez au championnat de France féminin.

— Dis donc, remarqua Magie. Tu as raison. On dirait bien Rase-Bitume. Pas évident de la reconnaître habillée comme ça, mais je crois que c'est elle.

Quelques-uns se rangèrent à son avis mais pas Montagne. Bricolo accéléra à nouveau le défilement de la bande pour emmener les concurrentes à proximité de la ligne d'arrivée.

— Regardez bien et, surtout, écoutez.

Le sprint venait d'être lancé et, la prise de vue étant faite depuis la ligne d'arrivée, on ne voyait pas encore grand-chose. Par contre, on distinguait parfaitement la voix de l'animateur du podium officiel :

— Attention, le sprint est lancé ! Je vous rappelle qu'elles sont sept concurrentes pour un titre. Souzy est en tête. Elle est maintenant en plein effort. Andrieux arrive à sa hauteur. Gondard vient aussi l'attaquer. Soubier et Dorsières remontent à leur tour. Cinq ! Elles sont cinq de front ! Qui va gagner ? Soubier, Gondard, Dorsières ? Andrieux et Souzy semblent battues à présent. Attention !

Tout le monde retint son souffle. Court silence du commentateur pendant que les concurrentes passaient la ligne sous les applaudissements des spectateurs, puis sa voix explosa :

— Gondard ! Gondard est championne de France ! Gondard devant Dorsières et Soubier puis, à quelques longueurs, Andrieux et Souzy, enfin, encore plus loin, Vergèse et Sigognère.

Brigitte Gondard est championne de France !

Bricolo arrêta le magnétoscope et lança, triomphant :

— Cette fois, vous avez la preuve !

— La preuve de quoi ?

— Ben ! La cinquième, celle au maillot rouge et blanc, celle que vous avez reconnue, c'est Élisabeth Souzy, notre prof !

Montagne n'était vraiment pas convaincu. Il objecta :

— Eh ! Oh ! Moi, je l'ai pas reconnue et puis, il y a plus d'un âne qui s'appelle Martin... Alors, ton Élisabeth Souzy, c'est pas du tout celle que tu prétends.

— Y a qu'à lui demander !

— Demander quoi à qui ?

— Ben, à Rase-Bitume. Si c'est vrai qu'elle a fini cinquième du championnat de France cycliste sur route.

— Demande si tu veux ! En tout cas, moi j'ai pas envie de passer pour un barjo.

Ficelle intervint :

— Et si on tirait au sort le nom de celui qui ira la questionner ? Ce serait rigolo.

Nous, une occasion pour s'amuser, on ne la ratait jamais, alors on adhéra à la proposition, même Montagne qui aimait toujours tenter le sort.

— Péhèmu, tu organises.

— D'accord ! Tu aurais pas un jeu de carte, Bricolo ?

Quelques instants plus tard, Péhèmu avait un jeu de trente-deux cartes dans les mains. Il prit les quinze du dessus et les étala devant nous.

— Voilà, expliqua-t-il. Je vais reprendre les cartes, les battre et en distribuer une à chacun. Vous avez vu le valet de pique ? Eh bien ! Celui qui l'aura ira questionner Rase-Bitume. D'accord ?

— D'accord !

Péhèmu avait son air sérieux des grands jours. Dans ces moments-là, il sait adopter des gestes lents mais pas trop, histoire de faire monter le suspens sans désespérer les participants. Et le suspens monta dur. Péhèmu devenait le Christian Comble du tirage au sort !

— Dernière règle avant de distribuer. Je pose une carte devant chacun de nous. Interdiction d'y toucher. À mon signal, tout le monde retourne la sienne. D'accord ?

— D'accord !

Alors Péhèmu se fit encore plus cérémonieux et, une à une, il posa les quinze cartes comme il l'avait annoncé. Chacun reluquait le dos de la sienne, essayait de deviner ce qu'il y avait de l'autre côté. La dernière carte distribuée, Péhèmu demanda :

— Vous êtes prêts ?

— Oui !

— Retournez !

Les cartes firent volte-face dans un bel ensemble. Je blêmis en découvrant la mienne.

— C'est Timide qui s'y colle, clamèrent les copains en éclatant de rire.

Fatna MOUJAHED
"Douce"

15. Oser

Dire que j'avais peur est en dessous, très en dessous de la vérité. Déjà, le lundi, je présentais toutes les excuses possibles pour ne pas aller vers Rase-Bitume : elle avait l'air de mauvaise humeur, j'avais la migraine, le cours allait bientôt se terminer, etc. Les autres commençaient à se payer ma tête et si, au début, c'était par simple taquinerie, à la fin, leur attitude traduisait une certaine exaspération.

Ça me travaillait tant que je dormis très mal dans la nuit du lundi au mardi. Le mardi matin, je me levai bien décidé à tordre le cou à ma timidité mais, hélas, plus je me rapprochais du collège, plus la peur me reprenait. Justine arriva sur son vélo, s'arrêta à ma hauteur.

— Salut, Vincent ! me chanta-t-elle.

Je lui rendis son salut, la voix beaucoup moins joyeuse.

— Eh, qu'est-ce que tu as ?

— Je... C'est pas facile à expliquer.

— Oh, tu sais, tu peux tout me dire. Je crois qu'on est amis maintenant. En tout cas, tu peux avoir confiance en moi. Je suis pas du genre à trahir les secrets.

Justine était sincère. Le ton de sa voix ne trompait pas. Alors, après quelques hésitations, je dévoilai mon problème. Elle rit mais pas d'un rire moqueur, plutôt le genre qui soulage du poids qu'on a sur le cœur.

— Écoute, si j'ai un conseil à te donner, fonce dès que tu entres en classe. Sans réfléchir. Ne laisse aucune idée te bloquer. Si tu ne peux pas et si ça a des chances de t'aider et de te donner un peu de courage, pense à moi...

— Tu... Tu crois que ça marchera ?

— Peut-être, peut-être pas. En tout cas, moi, c'est ce que je ferais si je me trouvais à ta place. J'oserais.

— Alors, je vais essayer...

J'avais dit cela sans y croire.

— Bon, c'est pas le tout, me lança Justine en repartant sur son vélo, j'ai promis aux copines d'arriver un peu en avance pour parler d'un exposé. Salut...

— Salut...

J'aurais aimé qu'elle m'accompagne jusqu'au collège mais je la vis s'éloigner, ses longs cheveux bruns flottant au vent.

— Et pense à ce que je t'ai dit, me cria-t-elle. Ose !

Je franchis le portail du collège dans un état second. Rase-Bitume entra en même temps que moi sur son vélo. Je l'appelai :

— Mademoiselle !

Elle s'arrêta, m'adressa son sourire des grands jours. Il me fallait oser. Je rougis et bafouillai :

— Je... Je voulais vous demander...

— Quoi ?

Toujours ce sourire mais j'étais tétanisé. Je baissai la tête, incapable de soutenir son regard.

— N... Non... Je vous en parlerai en classe...

— Bon ! Comme tu veux. À tout à l'heure...

Cornebidouille ! Quelle nouille ! Mais quelle nouille j'étais ! Je méritais mille baffes et autant de coups de pied aux fesses. J'avais honte. Même pas capable de suivre les conseils de Justine !

J'étais tellement en colère contre moi que, dès le passage de la porte, je bondis vers Rase-Bitume.

— Ah, oui ! me dit-elle. Que voulais-tu me demander ?

— Je... Les copains disent que vous faites des courses de vélo et que vous avez fini cinquième du dernier championnat de France. Est-ce que c'est vrai ?

J'avais débité ça en rafale, avec une articulation minimale, comme je me serais hâté de poser un plat trop chaud. Miracle : Rase-Bitume avait compris.

— Oui, c'est exact, me répondit-elle, son sourire troublant aux lèvres. Et j'aurais sans doute pu faire mieux si j'avais été un peu plus futée au sprint. Cinquième, ce n'est pas mal, mais ça ne vaut pas la victoire, surtout au championnat de France.

Alors, dans mon dos, j'entendis presque hurler :
— Ah ! Tu vois, Montagne, j'avais raison !
Bricolo semblait au moins aussi soulagé que moi.
Je regagnai ma place heureux, formidablement heureux. J'avais osé. Quel bonheur ! Et si je n'avais pas pensé à Justine en posant ma question, maintenant, elle ne me sortait plus de la tête et il me fallut bien un quart d'heure pour reprendre à peu près mes esprits.
Rase-Bitume n'avait pas commencé le cours. Non, elle parlait d'une sorte de concours où, si on élaborait un projet correct, on pourrait obtenir une subvention pour le réaliser.
— C'est quoi, mademoiselle, une subvention ?
— Une somme d'argent qu'on nous donnerait pour nous aider à réaliser quelque chose.
— Comme l'argent que nous a donné le foyer pour la boutique ?
— Pas tout à fait puisque nous devons rembourser cette somme. Ça, c'est un

prêt. Une subvention ne se rembourse pas.

Aux mots « argent » et « somme », Péhèmu sortit de sa torpeur.

— Ouais ! clama-t-il. On se lance, on y va, on fonce !

— Pas de panique ! remarqua avec à-propos Dorothée. Faudrait peut-être savoir où on fonce.

Alors Rase-Bitume nous expliqua qu'il fallait monter un projet sur la sécurité routière. La sécurité routière, on ne voyait pas trop ce que c'était.

— Faudra se déguiser en flics ? demanda Mots-Mots.

— Non ! il faut organiser une action qui permette de rendre la circulation routière moins dangereuse.

— Comme mettre en place des panneaux de signalisation auprès des écoles ?

— Par exemple.

On discuta beaucoup sans rien voir venir. Moi, je me désintéressai peu à peu de la question et je me retrouvai bientôt avec Justine, pendant notre balade à vélo l'autre jour. Soudain, l'idée flasha dans mon esprit et je criai presque :

— Et si on réparait des vélos en mauvais état ? On a déjà retapé celui de Justine. Pourquoi on ne ferait pas pareil avec ceux des autres ?
— Ce serait pas mal pour le mien, reconnut Dorothée. Il tombe en ruine mais ne sera jamais classé monument historique. Alors, si on peut lui refaire une santé...

L'idée semblait intéressante et, peu à peu, notre projet prit forme.

On allait donc proposer de monter un atelier de réparation de vélos. La subvention nous permettrait d'acheter les outils et le matériel de base comme les patins et les câbles de frein, les ampoules de phare, les rayons, etc. On pensa aussi réparer des cyclomoteurs et des mobylettes mais c'était trop technique et on se rendit vite compte qu'on ne pourrait pas y arriver, au moins dans un premier temps.

On passa la journée à rédiger le projet. C'était vraiment pénible mais, enfin, on voulait présenter notre candidature et la date limite de dépôt était dans seulement une semaine.

On désigna ensuite le responsable

du projet. Le règlement exigeait que ce fût un élève. Là, il n'y eut pas bousculade. Le mot « responsable » nous impressionnait. Finalement, après la proposition de Rase-Bitume, Montagne accepta de tenir ce rôle. En fin d'après-midi, Étincelle et Douce allèrent taper notre travail sur un ordinateur et, le soir, tous ensemble et en compagnie de la prof, on alla solennellement le poster.

Le lendemain, on en parlait encore quand, peu avant la récréation, on frappa à la porte. C'était Pétard qui apportait une lettre. Rase-Bitume la prit et son visage s'éclaira d'un très large sourire.

— Devinez ce que j'ai dans les mains.

— Ben, ça se voit, une enveloppe !

— Oui, mais pas n'importe laquelle...

— La réponse de l'écrivain ! hurla Ficelle.

— Exact !

La clameur qui s'éleva alors dans la classe ébranla sans doute le collège jusqu'au plus profond de ses fondations. « Il » avait répondu.

— Ne vous réjouissez pas trop vite tout de même, tempéra Rase-Bitume en commençant à déchirer le coin de l'enveloppe. Cette réponse est peut-être négative.

Elle arrêta soudain son geste et s'exclama :

— Et puis non ! Pourquoi j'ouvrirais ? C'est tout de même vous qui avez écrit à Christian...

Rase-Bitume tendit alors la lettre à Douce qui se trouvait au premier rang, juste devant elle.

— Tiens ! À toi de lire.

Quelle veinarde, cette Douce ! Je crois qu'on aurait tous aimé être à sa place même si la lecture n'est pas notre truc. Elle acheva de décacheter l'enveloppe d'une main tremblante, en sortit une banale feuille blanche avec quelques lignes tapées à la machine. Elle la parcourut des yeux, en prenant son temps, s'éclaircit ensuite la voix puis lut tant bien que mal :

Chers amis !

Permettez-moi tout d'abord de vous demander de m'excuser pour cette réponse collective mais, hélas, mon temps est compté et je ne peux pas vous en consacrer davantage aujourd'hui.

Douce s'arrêta. Elle lisait sur un ton plutôt monocorde et fatiguait. Elle prit une forte inspiration puis s'attaqua à la suite :

Merci pour vos très sympathiques lettres qui m'ont bien fait plaisir. Ce genre de courrier chaleureux et sincère m'aide à passer certains caps difficiles de l'écriture.

J'accepte donc de vous rencontrer.

Une nouvelle clameur couvrit la

voix de la copine qui s'arrêta avant de reprendre dès le retour du silence :

J'accepte donc de vous rencontrer. Pour cela, je vous propose la date du vendredi 17 mars où je pourrai vous consacrer la matinée.

En vous disant à très bientôt, je vous adresse mes très sincères amitiés ainsi qu'à votre professeur.

PS : J'apporterai les manuscrits de *L'Allumeur d'étoiles* et de *La Guerre des moineaux* pour vous aider à mieux connaître mon travail.

Fantastique ! On allait rencontrer un écrivain. Le 17 mars était très loin — près de quatre mois — mais on aurait ainsi le temps de préparer cette visite.

On était tous très heureux et Rase-Bitume eut beaucoup de peine à ramener un semblant de calme. Je crois qu'elle aussi était contente et ça c'était chouette.

16. 20 décembre

Ouf ! Les vacances de Noël sont enfin là. Je suis épuisée mais j'ai déjà tenu un trimestre et, après un bon repos, je serai prête à repartir.

Mes lions foncent de mieux en mieux dans les projets que nous mettons sur pied. Évidemment, à côté, leurs résultats scolaires restent limités mais ils se sentent peut-être moins mal au collège et c'est déjà ça.

Christian, le projet atelier de réparation, voilà du travail en perspective. De quoi attaquer la nouvelle année sur les chapeaux de roues.

En parlant de roue, justement, la nouvelle saison cycliste s'annonce et, même si j'ai continué de rouler un peu ces dernières semaines, l'entraînement avec le club va reprendre.

Je n'aime pas l'hiver mais, après, il y a le printemps et ses promesses...

Seyfettin TURGUT
"Ce comme ça"

17. Pour rien

Pour la première fois, mon retour de vacances ne fut pas une galère. Oh, bien sûr, réintégrer le collège ne m'amusait toujours pas mais, comme les copains, j'avais deux rêves en tête qui m'aidèrent à franchir plus facilement le seuil de la classe.

Le premier, c'était rencontrer Christian Comble. Là, il y avait une date et on savait quand cette envie serait assouvie. On en parlait souvent entre nous. On lisait aussi d'autres livres de l'auteur qu'on était allés chercher au CDI. Si on avait toujours droit à notre morceau de *La Guerre des moineaux* chaque soir, on devait lire ceux-là nous mêmes, tout seul dans son coin. Il y en avait une bonne dizaine à notre disposition, chacun en plusieurs exemplaires. J'en avais déjà lu un pendant les vacances de Noël, un tout petit dont le nombre de pages ne m'impressionnait pas trop. Maintenant, je m'attaquais à un recueil de nouvelles. Question préparation de la rencontre, Rase-Bitume nous avait dit que rien ne pressait et, si on en parlait de temps en temps, on avait pris quelque recul.

Le second concernait l'atelier de réparation de vélos. Les résultats du concours n'étaient toujours pas publiés et l'attente devenait difficile. On n'attendit pas de savoir si on avait gagné et on voulut tout mettre sans délai en place.

De son côté, la boutique commençait enfin à marcher. On comptait bien vingt à trente clients par jour, auxquels s'ajoutaient les profs qui ne cessaient de se montrer plus gourmands. Des confiseries étaient venues rejoindre les gâteaux et satisfaisaient notre clientèle qui n'émettait pratiquement plus de critiques et nous encourageait même parfois.

Question gros sous, le prêt du foyer était remboursé et on avait amassé un petit pécule. Péhèmu surveillait toujours les finances avec autant de rigueur et il nous informait quotidiennement de l'argent dont on disposait, argent qui était placé sur le compte du foyer qui tenait lieu de banque.

Justine venait toujours à la récréation de 10 h 30, celle à laquelle je servais et, chaque fois, j'avais droit à mon petit clin d'œil. Notre amitié se renforçait, c'était super. On se baladait de plus en plus souvent à vélo. On parlait de tout et de rien, de ce qui nous intéressait, de la vie au collège. J'eus comme ça des nouvelles de Baobab. François Juignier — il se nommait en fait ainsi — était le professeur principal de la cinquième B. Il était aussi impressionnant que sympathique. Justine l'appréciait. Elle m'en parlait avec chaleur et, si je n'avais pas eu Rase-Bitume, je l'aurais peut-être enviée. Après ce que j'avais pensé de ce type ! Le monde à l'envers.

J'aimais beaucoup la compagnie de Justine. J'aimais... mais cela commençait à faire jaser et Éric, mon frère aîné, nous vit ensemble. Le soir, à la maison, j'eus droit à une détestable mise en boîte, à tel point que je faillis lui coller une baffe. Il avait bien une copine, lui, et je ne passais pas mon temps à lui casser les pieds à son sujet. Heureusement que maman était rentrée.

L'envie de l'atelier de réparation devint bientôt trop forte. On décida donc de procéder à son installation.

Pour le local, le principal nous prêterait son garage. Ce garage contenait encore du vieux mobilier, qu'on pourrait caser ailleurs sans aucun problème, et sa voiture resterait dehors durant la journée. Le soir, comme on rangerait bien, il aurait la place de la rentrer.

Le pécule de la boutique servirait à l'achat des premiers outils.

Il restait un problème : où trouver le matériel de base. C'est là que Ficelle nous parla de son oncle éboueur qui récupérait quantité de choses dans ses tournées et en particulier des pièces de vélo plus ou moins déglinguées. On eut tout de suite l'idée de visiter les décharges publiques du secteur, mais Rase-Bitume nous dit que ça devenait une idée fixe. Elle n'était pas très chaude pour une expédition pareille d'autant que, nous dit-elle, « les décharges étaient de moins en moins accessibles ».

On ne voyait pas comment s'en sortir lorsque Cécomça proposa d'organiser un vide-cave. On passerait chez les gens et on leur demanderait de nous donner les pièces de vélo encombrant leurs caves !

On vit tout de suite à la tête de Rase-Bitume que l'idée la séduisait. Alors les propos fusèrent :

— Y a un paquet d'appartements dans la cité. On aura beaucoup de choses.

— Ouais, mais ça risque d'être long si on doit passer partout.
— Faudrait faire de la pub et les gens nous apporteraient ce qu'ils ont.
— Tu parles ! Ils se déplaceront jamais.
— Et si on leur demandait seulement de nous dire s'ils ont quelque chose chez eux ? On viendrait les en débarrasser nous-mêmes.

La discussion dura mais on finit par se ranger à cette dernière idée. Un tract où figurait un coupon-réponse fut rédigé, tract qu'on distribua le plus largement possible.

Un seul coupon-réponse nous revint. À pleurer. Même les parents de Justine ne nous répondirent pas.

On alla tous chez la personne qui avait renvoyé son coupon-réponse et on ramena royalement une paire de vieux garde-boue et trois câbles de frein. Avec ça, on ne risquait pas d'aller loin.

Tout ce boulot pour rien ou presque ! On avait un de ces cafards sur le chemin du retour ! Terrible. Alors on décida d'attendre les résultats du concours.

18. Résultats inattendus

Un mois sans nouvelles. Rien. Le désert postal.

Nos nerfs étaient mis à rude épreuve.

En classe, l'ambiance devint de plus en plus lourde. On travaillait comme on pouvait, mais les pensées étaient souvent ailleurs. Résultat : Rase-Bitume fit plus que perdre patience et piqua une fameuse colère. Ça nous fit drôle de la voir ainsi. Magie bougonna :

— Ben mince, si Pétard se met à déteindre sur elle, nous voilà bien.

— Pas de panique ! souffla Dorothée. Pas de panique...

Justine m'avait invité à une boum, le dernier dimanche de janvier. Une boum. Cornebidouille ! Je n'y étais jamais allé et j'avais accepté sans réfléchir. Si j'avais réfléchi, j'aurais refusé.

Tout m'effrayait. D'abord, je ne connaîtrais personne en dehors de Justine. Peut-être une ou deux de ses copines du collège mais, avec elles, je n'avais jamais vraiment discuté. En tout cas, je serais le seul de la SEGPA et je n'avais pas de copains dans les autres classes.

Et puis, surtout, je ne savais pas danser.

La boum avait lieu dans la grange aménagée d'une ancienne ferme perdue aux abords de notre cité et transformée en maison des jeunes. Je connaissais l'endroit seulement par des ouï-dire.

Aller à une boum m'impressionnait vraiment et je ne savais pas comment m'habiller. Finalement, je décidai de mettre mon survêtement préféré en espérant qu'il plairait à Justine. Eh bien, il ne lui plut guère. Je le vis à sa tête quand je débouchai dans la rue. Elle, elle était absolument superbe dans sa robe bleu tendre et s'était légèrement maquillée. J'eus honte.

— Attends ! Je vais me changer...

Mais elle m'arrêta dans mon élan :

— Non ! Viens ! Ça ira comme ça, et puis, je connais certains des autres garçons invités et tu ne devrais pas être le seul en survêtement.

Pendant le trajet qu'on fit à pied, je lui avouai, plus que gêné :

— Tu... Tu sais, je sais pas danser...

— Bah ! s'esclaffa-t-elle. Je t'apprendrai...

N'empêche que j'arrivai inquiet à la maison des jeunes. On entendait s'échapper la musique, assourdie. Les grondements des basses me rappelèrent les battements d'un cœur dans une poitrine, comme si le bâtiment vivait et s'apprêtait à nous avaler. Mon angoisse augmenta et, en ouvrant la porte, je faillis rester sur place. Je me sentis vraiment idiot, avec les jambes raides, les bras trop longs et les mains inutiles. Ma timidité m'encombra encore davantage.

La pièce était noire, éclairée çà et là de lumières multicolores dont quelques-unes rythmaient la musique.

— Viens ! Il y a une table pour nous là-bas...

Et Justine m'entraîna.

Si mes débuts furent plus que durs, je me mis pourtant peu à peu à danser. Je ne savais pas trop quoi faire de mon corps mais j'essayais de m'appliquer, de prendre en compte les conseils de ma copine :

— Allez ! Contente-toi de bouger en cadence pour l'instant ! C'est facile !

À dire, oui, mais à faire...

Finalement, sur le chemin du retour, j'étais content et Justine semblait satisfaite.

— Bah ! dit-elle. Tu t'es pas mal débrouillé pour une première fois. Tu verras, avec de l'entraînement...

Et elle m'embrassa, comme ça, sans même prévenir.

Ah ! ce baiser.

J'y pensais encore lorsque, le lendemain, Pétard nous apporta l'enveloppe à l'en-tête de la Sécurité routière.

— Ça y est ! jubila Bacho. Voilà la subvention.

Rase-Bitume donna le courrier à Montagne qui le décacheta, un sourire vainqueur aux lèvres. Il en sortit une seule feuille avec le même logo que l'enveloppe et quelques lignes tapées à la machine.

Le copain ne prit même pas le temps de la parcourir mais lut tout de suite à haute voix sans trop écorcher les mots :

Monsieur,

Suite à votre candidature pour l'obtention d'une subvention en vue de réaliser votre projet intitulé ATELIER DE RÉPARATION DE BICYCLETTES, je suis au regret de vous dire que, bien qu'il soit fort intéressant, le jury n'a pas cru bon de le retenir.

En vous souhaitant malgré tout pleine réussite, je vous prie de croire, Monsieur, à l'assurance de mes sentiments les meilleurs.

La voix de Montagne s'était peu à peu éteinte au fil du dernier paragraphe. Une chape de silence tomba sur la classe. Finalement, Mada gémit :

— Eh ben, c'est fichu...
— Oui. Terminé, on réparera pas les vélos.
— Pas de panique... souffla Dorothée. Mais on sentait qu'elle ne croyait pas elle-même dans cette affirmation.

Alors Rase-Bitume prit la parole :
— Bon, d'accord. Ils ont refusé de nous attribuer cette subvention, mais ce n'est pas une raison pour laisser tomber. Grâce à la boutique, nous avons pu acheter les outils de base. Et puis j'apporterai encore les miens. André aussi. Rien n'est perdu.
— Et le petit matériel ?
— Bah ! Nous le ferons payer à ceux qui bénéficieront de notre travail. Cela n'ira pas chercher beaucoup... Et puis, tout bien réfléchi, ça me paraît normal.

Rase-Bitume continua d'argumenter. Elle se donna du mal, beaucoup de mal, mais le moral en avait pris un sacré coup. On n'avait plus envie de continuer. On avait cru dans ce projet. On y avait tant cru que, même si les arguments de notre prof étaient justes, on ne voulait pas aller plus loin. Cela nous semblait complètement inutile.

Soudain, on frappa à la porte.
— Entrez !
La secrétaire du principal apparut. Elle semblait un peu affolée.
— Oui ? fit Rase-Bitume.
— Mademoiselle ! Un monsieur veut vous voir, vous et votre classe. Il est venu avec un camion de la société chargée du ramassage des ordures...

Ficelle ! Chère Ficelle ! On voulait tous la serrer sur notre cœur.
Son oncle nous apportait un plein camion de vieux vélos. Rase-Bitume passa par toutes les couleurs quand il le lui dit. Elle resta d'abord bouche bée puis déclara :
— Vous m'attendez là. Je reviens tout de suite.
Et elle disparut vers les locaux administratifs. L'oncle de Ficelle nous demanda :
— Alors ! Ça vous fait plaisir ?
Et comment ! On dévorait le camion des yeux. Il avait sans doute dans sa benne de quoi réparer dix fois toutes les bicyclettes de la cité. Personne n'en revenait et chacun essayait de deviner

son contenu exact. Rase-Bitume revint bientôt, accompagnée du Copain-de-Montagne et de Pétard.

— Alors, comme ça, vous nous amenez un camion de vieux vélos ?

— Ben, oui ! Ma nièce m'a dit que vous en cherchiez.

Et l'oncle désigna Ficelle du menton.

— C'est que, ronchonna le principal. Vous nous auriez avertis... Peut-être que...

« Eh ! pensai-je. Il va tout de même pas nous les refuser. Un camion de vélos, ça se refuse pas. »

Je ne devais pas être le seul à raisonner ainsi et cela devait se voir car, après nous avoir jeté un regard, Pétard déclara :

— En faisant un petit effort, nous pourrons les entreposer dehors, derrière les ateliers, près du garage au matériel d'horticulture. On ne verra rien de la rue...

Copain-de-Montagne se tourna vers Rase-Bitume :

— Et vous, qu'en pensez-vous ?

— Je suis tout à fait de cet avis. Et puis, je m'engage à ce que nous récupérions rapidement toutes les pièces réutilisables et que nous jetions le reste.

— Vous n'aurez qu'à me passer un coup de fil et je viendrai le chercher, proposa l'oncle de Ficelle.

Nouveau silence et puis, finalement :

— Bon, d'accord !

Quelques minutes plus tard, la benne basculait à l'endroit prévu. Alors, un immense tas de ferraille glissa dans un bruit atroce qu'on trouva tout de même agréable au début. Hélas, on déchanta vite car on avait imaginé des vélos en pièces détachées mais présentables. L'oncle de Ficelle nous amenait un monticule de ruines métalliques.

19. 2 février

À nouveau la douche écossaise, mais les gamins sont remontés et on devrait réussir à faire du bon boulot à partir de ce tas de ferraille.

Attention à ne pas trop se laisser dévorer pour bien préparer la venue de Christian, d'autant qu'il y a les deux semaines des vacances d'hiver.

Côté vélo, seulement quelques sorties avec le club et je me sens déjà bien. L'année devrait être bonne. Je suis presque certaine que cela va cartonner.

Kevin PEIXOTO
" Bacho "

20. Explorateur particulier

Christian Comble était là, devant nous, en chair, en os et en costume-cravate.

J'étais impressionné.

Ainsi, c'était ça un écrivain. Et celui-là était l'auteur de *L'Allumeur d'étoiles*. Je ne le voyais pas comme ça. Je l'imaginais plutôt revêtu d'une combinaison futuriste... Et puis non, il était aussi l'auteur de *La Guerre des moineaux* et je le voyais mieux en jean et pull jacquard... Et puis, réflexion faite, je ne l'imaginais pas.

Aucun doute, je n'étais pas le seul à être surpris. Il n'y avait qu'à voir la tête des élèves des autres classes lorsque Christian vint vers nous dans la cour en compagnie de Rase-Bitume. Cornebidouille ! Ils n'en revenaient pas. Un écrivain au collège et, en plus, pour rencontrer des élèves de SEGPA ! Justine m'avait dit qu'on avait beaucoup de chance.

Christian posa ses affaires dans un coin, sortit un tas de documents de son sac... et nous sourit.

— Bonjour !

En plus, je n'imaginais pas sa voix ainsi.

— Voilà, je suis Christian Comble et je suis très heureux d'être parmi vous, qui m'avez écrit toutes ces lettres sympas. Franchement, merci. Je suis vraiment très heureux de vous rencontrer. Et vous ?

Silence. Christian sourit de plus belle.

— Eh bien ! Vous n'êtes pas bavards... Vous me posiez des questions dans vos lettres. Si vous voulez, je vais commencer par y répondre. Ensuite, nous verrons les manuscrits ou nous ferons autre chose suivant ce que notre cœur nous dira et ce que vous avez préparé.

Il parla encore un peu. Des mots simples mais chauds, et puis :
— Première question ?

Toujours le silence. Christian souriait encore.
— Alors, qui osera poser la première question ? Je sais que ce n'est pas facile.

Encore le silence. Soudain :
— Eh ben, je vous voyais pas comme ça.

C'était moi ! J'avais parlé avant tous mes copains !

— Et tu me voyais comment ? Vert avec des antennes sur le front ?

Petit rire des copains. J'étais coincé. Je paniquais. Christian vint à mon secours :

— Tu sais, les écrivains sont des gens comme les autres. Ils ont un métier particulier, certes, mais ils sont aussi dissemblables entre eux que les maçons, les ouvriers d'usine ou les profs...

Il continua de parler et, tout doucement, l'atmosphère se détendit. Les copains prirent enfin le relais et les questions fusèrent :

— Vous avez quel âge ?

— Combien vous faut-il de temps pour écrire un livre ?

— Quand vous arrêterez-vous d'écrire ?

— Combien vous gagnez ? (Péhèmu, bien sûr.)

— Est-ce que vous peinez quand vous écrivez ?

— Pourquoi avez-vous choisi ce héros dans *L'Allumeur d'étoiles* ?

Etc.

Les questions arrivaient et Christian n'en évitait aucune, répondant avec le même sourire, la même sérénité, glissant çà et là quelques clins d'œil ou jeux de mots que, j'en suis certain, Mots-Mots appréciait.

Lorsque la sonnerie annonçant la récréation retentit, je n'avais pas vu le temps passer. Les copains non plus d'ailleurs. On voulait tous rester en classe, mais Rase-Bitume nous commanda :

— Vous sortez ! Christian a besoin de prendre un café pour se remonter. Rendez-vous compte, voilà près de deux heures qu'il parle...

Alors on obéit. Moi, je fonçai vers Justine pour lui en raconter un maximum.

— Eh ! me demanda-t-elle lorsque la sonnerie annonça la fin de la récréation. Vous pourriez pas nous faire un article là-dessus pour le journal du collège ?

Un journal venait en effet de naître et ma copine était une des responsables.

La seconde partie de la matinée se divisa en deux temps : on jeta d'abord un œil sur les manuscrits de Christian puis, avec lui, on inventa une histoire qu'on écrirait avec Rase-Bitume.

Les manuscrits m'impressionnèrent beaucoup. Moi, je croyais qu'un écrivain était un type qui pondait directement ses histoires, sans la moindre hésitation. Ce n'était pas le cas de Christian, mais alors pas du tout ! Il lui fallait du temps pour rédiger un roman, du temps et du papier parce que les ratures, bonjour, il en faisait un paquet. N'empêche qu'il m'impressionnait beaucoup à écrire comme ça. Moi, je n'aurais jamais le courage d'en faire autant et je le lui dis.

— Pense à une chose, me précisa-t-il, à treize ans, je n'écrivais guère plus que toi. Es-tu capable aujourd'hui de réparer une voiture accidentée ? Non. Eh bien tu seras pourtant peut-être tôlier automobile dans quelques années...

L'histoire dont on élabora ensuite le plan était terrible. C'était une histoire de science-fiction car on voulait en raconter une comme Christian — on préférait tous ses romans et nouvelles de science-fiction. Elle serait sans doute moins belle que les siennes mais c'était mieux que rien. Il nous aida beaucoup à la construire, à nous poser les questions qu'il fallait, à veiller à la logique des événements.

Quand Christian nous quitta, j'avais la tête pleine de rêves et je gardais tout au fond de moi un petit truc qu'il nous avait dit :

— J'explore le monde des histoires comme d'autres explorent la Terre, pour y découvrir les beautés cachées. J'essaye d'emprunter de nouveaux chemins. Dans ce monde-là, il y en aura toujours de nouveaux à tracer et c'est enthousiasmant...

La venue de Christian fut un moment de fête mais on ne relâcha pas pour autant notre travail ailleurs. Par exemple, on mit un mois pour venir à bout du tas de ferraille. Moins de temps aurait été nécessaire si on n'avait fait que ça, mais Rase-Bitume dit encore qu'on ne pouvait réduire davantage le travail scolaire « classique » et la boutique devait continuer à tourner.

On avait en effet plus que jamais besoin de cette dernière puisque maintenant, il nous fallait de l'argent pour acquérir davantage d'outils (ceux qu'on avait achetés n'étaient pas d'assez bonne qualité pour attaquer les ruines et ceux de Rase-Bitume et de Bricolo ne permettaient pas d'occuper toutes les mains).

Pendant un mois, les élèves disponibles travaillèrent durant toutes les récréations et le temps libre après le repas. Rase-Bitume ne nous laissa jamais tomber et elle fut toujours avec nous, travaillant comme tout le monde et même peut-être mieux. La rouille résista mais on finit par la vaincre.

Le matériel réutilisable était rangé dans le garage du principal. Cela prenait beaucoup de place et Copain-de-Montagne avait décidé de nous l'abandonner et de ne plus y garer sa voiture, même la nuit.

On ne s'était pas contentés de récupérer le petit matériel, on avait aussi mis de côté le gros comme les cadres, les guidons, les roues et toutes ces pièces essentielles.

Plus d'une semaine s'écoula. L'atelier était maintenant ouvert mais on n'avait pas de clients. Si Justine pouvait venir tous les jours nous acheter des gâteaux, il lui était impossible de nous amener son vélo aussi souvent.

Ce mercredi-là, comme on se baladait tous les deux, je lui demandai :

— Pourquoi les autres ne nous amènent pas leurs vélos à réparer ?

Justine laissa passer un long silence, comme si elle n'avait pas envie de parler. J'insistai :

— Tu le sais, toi. Pourquoi ?

Cette fois, ma copine n'esquiva pas :

— Non, je ne sais pas. Mais peut-être qu'ils n'ont pas confiance, qu'ils ne vous croient pas capables de les raccommoder.

— Eh ! Qu'est-ce qu'on a fait au tien ?

— Pfuuu... Ils l'ont oublié.

J'étais stupéfait. Je bafouillai :

— Al... Alors on n'aura jamais rien à réparer...

— Prouvez-leur que vous en êtes capables. Pourquoi ne pas remonter un ou deux vélos avec les pièces récupérées ?

Dès le lendemain, j'en parlai en classe.

— Ce serait intéressant, reconnut Rase-

Bitume. Mais que pourrait-on bien en faire ?

— On pourrait les vendre, proposa Péhèmu avec son grand sourire ouvert comme un tiroir-caisse.

— Eh ! On ne va tout de même pas s'établir marchands. Déjà qu'on vend des gâteaux et des bonbons, ça suffit comme ça.

— Et puis, si on vendait les vélos, qu'est-ce qu'on ferait de cet argent ?

C'est alors que Mots-Mots eut l'idée de génie :

— Et si on en faisait un stock qu'on mettrait ensuite à la disposition du collège ? Lorsqu'une classe voudrait faire une sortie vélo, on en prêterait aux élèves qui n'en ont pas.

Cette idée nous enthousiasma tous, y compris Rase-Bitume.

La journée se termina par le début de la lecture d'un nouveau livre : *Grand Fou sauvage*, un roman policier de René Leurnet. Ce bouquin n'avait rien à voir avec les précédents mais il nous accrocha tout de même.

Fatima LABED
"Etincelle"

21. Changements

Jaunet entra dans le garage.

— C'est pour mon vélo.

Montagne, Étincelle et moi assurions le fonctionnement de l'atelier ce jour-là.

Cette fois, pas moyen d'y échapper. La rencontre que je craignais se produisait : les deux adversaires se retrouvaient face à face sur notre territoire.

Jaunet et son ombre fréquentaient en effet le Croissant Gourmand depuis plusieurs semaines. Ils nous achetaient des gâteaux régulièrement et discutaient parfois avec nous, mais ils se gardaient bien de venir quand Montagne était de service.

L'élève de quatrième souriait à Montagne, son vélo à la main et le regard avenant.

Inquiet, je jetai un coup d'œil à mon copain. Il toisa son ennemi intime et eut envie de lui écrabouiller le nez, c'était net, mais il se contint et grogna :

— Ouais ! Qu'est-ce qu'il a ?

— Câble de frein arrière cassé net.

Montagne prit encore sur lui-même pour être aussi poli que possible :

— Pas de problème. On te fait ça.

— Je pourrai revenir le chercher quand ?

— Ce soir, à la fin des cours, à 5 heures.

— OK ! À tout à l'heure.

Jaunet avait à peine tourné les talons que Montagne s'emportait :

— Incroyable ! Je suis obligé d'être aimable avec un abruti pareil. Ça me fait mal, cet atelier, tiens ! J'ai pas envie de lui réparer son machin. Je suis pas son larbin...

— Eh ben, t'inquiète pas. Je vais le faire.

Étincelle se dévouait. Je savais pourtant qu'elle n'aimait pas changer des câbles de frein, mais elle voulait qu'on respecte nos engagements. Alors je la suivis :

— Je vais t'aider...

En même temps que je prononçais ces paroles, je jetai un nouveau regard inquiet à Montagne. Apparemment, il acceptait notre attitude. Peut-être qu'il ne voulait plus se faire remarquer. Peu avant, Rase-Bitume l'avait en effet pris en défaut avec Mada et la Chine.

Ce jour-là, il n'y avait pas de travail et, pour passer le temps, Montagne et la Chine avaient décidé de se bagarrer. Mada trouvait cela idiot mais les garçons ne l'écoutèrent pas.

Au début, ce fut une bagarre pour rire, mais la Chine prit bientôt quelques gnons un peu plus durs que les autres. Comme il n'était pas du genre à se laisser marcher sur les pieds, il riposta. Montagne encaissa mal, dans tous les sens du terme et, bientôt, boulons et outils volèrent bas.

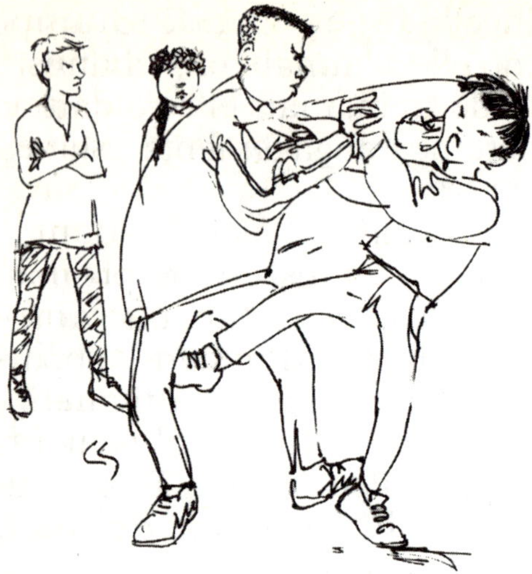

Mada se terrait dans son coin et la bataille était à son paroxysme lorsque Rase-Bitume avait surgi :

— C'est pas possible ! hurla-t-elle. Vous êtes de vrais gamins !

Les deux adversaires cessèrent aussitôt leurs assauts.

— C'est lui qui a commencé !

— Non, c'est lui !

Rase-Bitume croisa les bras. Elle avait son visage des mauvais jours et gronda :

— Bravo ! Ça continue ! De toute manière, je ne veux pas savoir qui a commencé. Vous y avez certainement chacun votre part. Ce que je voudrais, c'est pouvoir vous faire confiance, pouvoir vous laisser sans avoir à vous surveiller.

Montagne et la Chine ne savaient plus où se mettre, d'autant que presque toute la classe était là maintenant, et témoin de leur déconfiture. Finalement, Rase-Bitume leur dit que, pour cette fois, elle passait mais que, s'ils recommençaient, elle leur retirerait leurs responsabilités.

Montagne acceptait qu'on s'occupe du vélo de Jaunet.

Beaucoup de choses avaient changé pour nous ces derniers mois. Les autres ne nous regardaient plus comme avant.

La boutique connaissait un succès croissant.

— Normal, avait constaté Mots-Mots. Quand c'est croissant, le boulot, c'est du gâteau.

L'article sur la visite de Christian Comble et l'histoire qu'il nous avait aidés à inventer furent appréciés.

Bientôt, on allait faire une sortie vélo chez « notre écrivain préféré », histoire de rôder les engins fraîchement remontés et aussi tenter de prolonger le plaisir qu'on avait éprouvé ensemble dans notre classe. On approcherait encore plus sa manière de travailler puisqu'il nous ferait visiter son bureau et, peut-être même, utiliser un peu son ordinateur.

Je pensais à cette sortie quand arriva Minard, un élève de sixième avec lequel on avait de nouvelles relations.

— Eh ! les cops, nous dit-il. Votre idée de réparer les vélos, c'est super, mais je crois que ce serait encore mieux d'organiser une sortie vélo pour tous les élèves, à la fin de l'année scolaire.

On lui jeta un coup d'œil interrogateur.

— Ben, oui, quoi ! reprit-il. On pourrait faire une sortie vélo ensemble.

— Et où tu veux aller ?

— Bah ! Je sais pas. À quinze, vingt kilomètres d'ici... Histoire de passer un bon moment.

— Dis ! Ça fait un sacré truc à organiser. On serait un paquet sur les routes. Ça risquerait de faire beaucoup...

— Oh, moi, ce que je vous en dis...

— Merci quand même. On en parlera aux copains...

22. 14 avril

Plus qu'un trimestre. L'année tire à sa fin. Je crois que je rempilerai l'année prochaine puisque je n'ai pas demandé à changer de poste.

L'année prochaine ! Je pense déjà à l'année prochaine alors qu'il y a encore tant de choses à faire dans celle-ci. Toujours les cours, la sortie à vélo chez Christian et, maintenant, le Grand Braquet, ce rallye que mes zoziaux veulent organiser pour les autres classes. Un truc énorme ! Je me demande si j'ai bien fait de les laisser s'embarquer dans cette nouvelle aventure.

Côté vélo, c'est vraiment bon. Quel-

ques courses seulement et déjà trois victoires. Je vole. Pas de doute, cette saison sera meilleure que celle de l'an passé.

23. Chute

Le Grand Braquet. On avait nommé ainsi le rallye vélo. Le Grand Braquet, donc, devait se dérouler le mercredi suivant. Tout était prêt mais cela nous avait demandé beaucoup de temps. Environ trois mois d'organisation.

Il avait d'abord fallu voir si une telle opération était réalisable. Rase-Bitume n'était pas chaude et on dut insister pour la décider. C'est vrai que, plus on avançait dans la préparation, plus l'aventure nous impressionnait. On devait tout prévoir : le parcours, les consignes de sécurité, les repas et les visites. Énorme !

Il fallut aussi préparer les vélos.

Ceux des élèves passèrent par notre atelier pour en vérifier les équipements. Une semaine de travail. Du matin au soir. Six heures par jour. Cette fois, Rase-Bitume avait cédé et on avait modifié l'emploi du temps.

Vingt-sept copains ne possédaient pas de bicyclettes. On leur prêtait les vingt remises en état. Comme on était organisateurs avec les cinquième B — la classe de Justine, Baobab en tête — et donc retenus à des postes fixes, sept d'entre nous prêteraient leurs engins.

Tout cela se fit dans une excellente humeur. L'ambiance était formidable et on se sentait de mieux en mieux avec Rase-Bitume. La sortie chez Christian Comble avait encore resserré les liens entre nous. Une vraie complicité était née.

Par exemple, fin mai, histoire de rigoler un peu, on avait décidé de ne pas lui parler et de seulement lui répondre par écrit. Au début, cela la surprit.

— Alors, nous demanda-t-elle sitôt entrée. Comment ça va aujourd'hui ?

Quinze feuilles où était marqué « Bien, merci » se levèrent en même temps. Cornebidouille, Rase-Bitume roula de ces billes ! Elle posa encore deux ou trois questions et saisit la blague. Alors elle sourit comme jamais et ne nous parla plus. Jusqu'à la récréation de 10 h 30, on communiqua uniquement par panneaux. Quand la cloche sonna, ce fut un

immense éclat de rire et Rase-Bitume rit de bon cœur avec nous. Moi, même si je l'aimais bien, cela me fit tout drôle.

Le Grand Braquet était trois jours plus tard. Tout était prêt.

Ce dimanche-là, on se retrouva tous les quinze pour assister à une épreuve à laquelle participait Rase-Bitume.

Minette venait d'arriver devant le collège. Elle était la dernière de la Palette. Justine, sa copine Afouad et Minard, le gars de sixième, nous accompagnaient. Il était 14 heures.

Montagne interrogea Bricolo :

— Tu es sûr que c'est bien aujourd'hui ?

Bricolo lui tendit un article de journal.

— Tiens ! Vérifie toi-même. À moins que le journaliste se soit planté, le papier indique qu'elle a lieu aujourd'hui, à Sermaize, soit à dix kilomètres d'ici. Et tu peux aussi vérifier que, dans la liste des engagées, le numéro 21 est une certaine Élisabeth Souzy.

— Ouais ! Bon, ça va. Je te fais confiance. Alors, on y va ?

Chacun enfourcha son vélo et, en file indienne derrière Montagne, on partit pour Sermaize.

— Allez Souzy !

On hurlait tous à s'en péter les cordes vocales.

Elle marchait bien, notre Rase-Bitume. Mieux : elle volait.

Les deux premiers tours, elle était restée cachée dans le peloton mais, juste comme elle passait devant nous, au tout début du troisième, elle attaqua. Flaf ! Un coup sec. Venue de l'arrière, elle déboucha et prit le virage en catastrophe. Au tour suivant, seules cinq filles se trouvaient encore avec elle. Le peloton se traînait à deux minutes.

On était heureux. On était fiers. Notre prof en faisait voir de toutes les couleurs aux autres.

Le dernier tour venait de s'engager. La voiture du directeur de course passa devant nous, gyrophare affolé et avertisseur bloqué. Elles n'étaient plus que trois et Rase-Bitume continuait son numéro. C'était le bonheur.

On se précipita vers la ligne d'arrivée.

La foule s'agglutinait déjà derrière les barrières et l'animateur s'égosillait au micro. Il développait ce que lui racontait son récepteur CB, en relation directe avec la voiture du directeur de course. Il prononçait sans cesse le nom de Souzy. Notre Rase-Bitume

brillait plus que jamais. On se faufila tant bien que mal et je ne lâchai pas la main de Justine. Une fois installé, Montagne ne cessa de rabâcher à ses voisins qu'il ne connaissait évidemment pas :

— Souzy, c'est notre prof. Elle est super. Elle va gagner...

Soudain, la voiture du directeur de course franchit la ligne. Trois hommes en bondirent pour se propulser sur le podium. L'animateur tendit le micro à l'un d'entre eux :

— Toujours trois concurrentes en tête : Lombier, Besnard et Souzy. Cette dernière était favorite au départ et semble la plus fraîche...

L'animateur reprit le micro. Il tendit le cou vers la gauche.

— Les voici ! hurla-t-il. Les voici ! Elles sont toujours trois. Le sprint est lancé.

— Pas de panique ! marmonna Dorothée. Pas de panique...

— Besnard emmène le sprint. Elle zigzague. Souzy et Lombier sont toujours dans sa roue. Plus que deux cents mètres. Souzy déboîte...

Et brusquement, alors que les concurrentes occupaient la partie gauche de la route, la pédale droite de Besnard cassa. Elle se mit aussitôt en travers, fauchant ses deux adversaires. Phénoménal bruit de ferraille. Là. À vingt mètres de nous.

— Rase-Bitume !

Quelques minutes plus tard, après l'intervention du SAMU, une ambulance emportait notre prof qui gisait sur une civière, le maillot déchiré mais, surtout, le visage en sang et sous perfusion.

On repartit aussitôt pour la cité. Beaucoup d'entre nous pleuraient en silence. J'en faisais partie et Montagne n'était pas loin de m'imiter.

24. 30 juin

J'ai quitté l'hôpital hier. Je croyais finir l'année avec mes fauves et c'est râpé. Cette chute idiote l'autre dimanche, et me voilà bien amochée.

Dommage ! J'aurais tant aimé être avec eux lors du rallye vélo où, d'après ce que Jacques m'a dit pour les avoir aidés avec François et ses élèves, ils se sont très bien débrouillés.

Je les reverrai l'année prochaine, mais ce ne sera plus pareil. Les vacances auront gommé le plus intense des moments forts.

Dommage...

25. Mission accomplie

Ainsi Rase-Bitume habitait un immeuble comme le nôtre, dans une cité comme la nôtre, à l'autre bout de la ville.

Maintenant qu'on était devant sa porte, certains se demandaient si on n'allait pas faire une gaffe, voire pire.

— Vous croyez pas qu'on aurait dû lui téléphoner avant ? s'inquiéta Douce. Peut-être qu'elle ne veut recevoir personne.

— Elle est sortie de l'hôpital depuis trois jours. Elle a récupéré et, quand on a demandé l'adresse à Pétard, il nous a dit que ça lui ferait certainement plaisir. Et puis, si on veut lui faire une surprise, on peut pas agir autrement...

Mots-Mots avait été tiré au sort. Il appuya sur le bouton de sonnette d'un geste hésitant.

Quelques secondes. Longues. Très longues. Trop longues.

Soudain, quelqu'un regarda par le judas. La poignée bascula. Le battant s'ouvrit.

Quel choc ! Rase-Bitume était là, à peine reconnaissable, le visage boursouflé, déformé, bleui, jauni, verdi d'hématomes. Encore en partie recouverte de sa croûte, une cicatrice courait du sourcil rasé vers la tempe.

Elle grimaça et je souffris pour elle.

— Excusez mon sourire, mais j'ai quelques difficultés en ce moment à ce niveau.

Montagne prit la parole :

— C'est... C'est pas grave, mademoiselle. Comme vous étiez absente à la fin de l'année, on a voulu vous amener votre cadeau.

— C'est trop gentil. Il ne fallait pas. Entrez... Entrez...

Quelques minutes plus tard, on était

installés dans sa salle de séjour. Qui dans un fauteuil ou sur l'un de ses bras, qui sur la moquette, qui sur une chaise. Rase-Bitume nous faisait face. Elle ne cessait de nous dévisager les uns après les autres. Elle ne souriait pas mais ses yeux en disaient long sur le sentiment qu'elle éprouvait. Elle tri-

turait le maillot cycliste qu'on venait de lui offrir et nous, idiots, le verre de jus de fruits à la main, on ne savait pas quoi dire. Le silence dura longtemps. Soudain, Douce souffla :

— On voulait vous dire que, même si on n'aime pas trop le collège et si, des fois, vous nous avez collé des mauvaises notes, on a été bien avec vous.

Les yeux de notre prof s'embuèrent. Alors, comme pour fuir l'émotion qui l'étreignait lui aussi, Montagne leva son verre d'un geste maladroit et déclara, du bonheur plein la voix :

— À l'année Rase-Bitume !

Et tout le monde reprit :

— À l'année Rase-Bitume !

Table des matières

1. 7 septembre 7
2. Surprise 13
3. À démolir 21
4. 8 septembre 29
5. Contre-pied 31
6. Fausse accusation 41
7. 23 septembre 55
8. Mise en place 57
9. Inauguration 63
10. 14 octobre 73
11. Débuts difficiles 75
12. Nouveaux événements 83
13. 25 novembre 91
14. À confirmer 93
15. Oser 103
16. 20 décembre 115
17. Pour rien 117
18. Résultats inattendus 125
19. 2 février 135
20. Explorateur particulier 137
21. Changements 147
22. 14 avril 153
23. Chute 155
24. 30 juin 163
25. Mission accomplie 165

Castor Poche

Des livres pour toutes les envies de lire,
envie de rire, de frissonner, envie
de partir loin ou de se pelotonner dans un coin.

Des livres pour ceux qui dévorent.
Des livres pour ceux qui grignotent.
Des livres pour ceux qui croient ne pas aimer lire.
Des livres pour ouvrir l'appétit de lire et de grandir.

Castor Poche rassemble des textes du monde entier ; des récits qui parlent de vous mais aussi d'ailleurs, de pays lointains ou plus proches, de cultures différentes ; des romans, des récits, des témoignages, des documents écrits avec passion par des auteurs qui aiment la vie, qui défendent et respectent les différences. Des livres qui abordent les questions que vous vous posez.

Les auteurs, les illustrateurs, les traducteurs vous invitent à communiquer, à correspondre avec eux.

Castor Poche
Atelier du Père Castor
4, rue Casimir-Delavigne
75006 PARIS

Castor Poche

A chacun ses intérêts, à chacun ses lectures.

9 séries à découvrir :
Aventures
Contes et Fables
Connaissances
Fantastique et Science-fiction
Histoires d'Animaux
Humour
Le monde d'Autrefois
Mystère et Policier
Vivre Aujourd'hui

Castor Poche
Une collection qui s'adresse à tous les enfants
Benjamin : dès 3/4 ans
Cadet : dès 5/6 ans
Junior : dès 7/8 ans
Senior : dès 11/12 ans

Castor Poche, des livres pour toutes les envies de lire : pour ceux qui aiment les histoires contemporaines qui parlent de la vie de tous les jours, ici mais aussi dans d'autres pays. Voici une sélection de romans qui se passent aujourd'hui.

5 **Le fauteuil de Grand-Mère** **Junior**
par Charlotte Herman

Sheila, la jeune Américaine, est furieuse. Elle vient d'apprendre qu'à dix ans elle va devoir partager sa chambre avec sa grand-mère. Pourtant, très vite, une complicité se noue entre elles, et Sheila fait tout ce qu'elle peut pour rendre la vie de sa grand-mère plus douce. Sheila ne manque pas d'idées mais elles sont rarement appréciées par sa grande sœur et ses parents...

13 **David l'étrange** **Junior**
par Veronica Robinson

Un garçon de treize ans vient d'emménager dans une maison voisine. Les enfants cherchent à faire sa connaissance, mais le nouveau venu leur semble bizarre, étrange... C'est que David n'entend rien : il est sourd de naissance. Les enfants réussiront-ils à communiquer, à se comprendre ?

22 **L'autre** **Senior**
par Andrée Chedid

Tôt le matin, Simm traverse un village paisible, quand tout à coup, tout bascule dans un tremblement de terre.

De toutes ses forces, de toute son âme, Simm cherche à sauver le jeune étranger avec lequel il a échangé un regard, une complicité, quelques secondes avant le drame.

26 **Le secret de Jeremy** **Junior**
par Patricia Hermes

À l'idée d'aller dans une école inconnue, Jeremy, dix ans, est prise de panique. C'est qu'elle a un lourd secret qu'elle ne peut partager avec ses amies, un secret que même ses grands-parents n'aiment pas évoquer. Maintenant tout le monde risque de le découvrir...

28 **Une difficile amitié** **Junior**
par Marilyn Sachs

L'amitié de Peter et de Veronica n'est pas très appréciée par leur entourage. Et le printemps de ses treize ans va ressembler pour Peter à un combat sur tous les fronts : contre ses parents, contre les copains, et même contre Veronica..

30 **Quitter son pays** **Junior**
par Marie-Christine Helgerson

Meng, ses petites sœurs et ses parents fuient la guerre qui ravage leur pays, le Laos. Après une longue marche dans la jungle inhospitalière, après une traversée dramatique du Mékong en crue, après la peur et la faim, la famille Xiong, épuisée, arrive en Thaïlande. Existe-t-il une terre d'accueil où Meng et les siens retrouveront leur joie de vivre ?

40 **La flûte tsigane** **Junior**
par Bertrand Solet

La vie quotidienne de Yoska et des siens ne ressemble pas tout à fait à la nôtre. Ils aiment s'en aller sur les routes de France, loin de la ville. « Nous ne sommes pas des nomades, dit sa sœur Paprika d'un air fier, mais des Tsiganes de la tribu des roms. » Le monde bouge et change, il y a de fascinantes machines, et l'école... Il faudrait à la fois rester tsigane et vivre comme les autres. Est-ce possible ? Et les autres surtout, accepteront-ils Yoska ?

73 **Comme à la télé** **Junior**

par Betsy Byars

Lennie, Américain de onze ans, vit seul avec sa mère qui tient un petit hôtel. Il se gorge de télévision et ne vit qu'à travers elle. Sa seule joie est de s'introduire dans une résidence où son imagination trouve à se nourrir. Mais un jour, surpris, Lennie va vivre une douloureuse aventure, et du coup la télévision va lui paraître bien fade.

79 **Ganesh** **Senior**

par Malcolm J. Bosse

Ses quatorze premières années, Jeffrey les vit en Inde où ses parents, venus d'abord pour affaires, ont choisi de rester. Une tragédie vient déraciner Ganesh (c'est le nom indien de Jeffrey) de son Inde natale et le force à gagner l'Amérique, sa terre d'origine dont pourtant il ne sait rien. Il s'y sent étranger. L'incompréhension entre ses camarades et lui diminue peu à peu, mais une menace inattendue vient remettre en question ce qui compte le plus pour lui.

80 **Derrière les visages** **Senior**

par Andrée Chedid

Neuf nouvelles, situées pour la plupart en Égypte et au Liban, cherchent à parler du cœur universel des hommes, de ces vrais visages qui existent derrière l'âge, le pays, la condition. Ces récits s'enracinent dans le concret, embrassent la cruauté de la vie, mais aussi l'espoir et l'amour.

82 **La dernière chance** **Senior**

par Robert-Newton Peck

Collin, à quinze ans, trouve la vie plutôt assommante. Le collège ? Les parents ? Les copains ? Rien ni personne ne trouve grâce à ses yeux. Et voilà que son père l'emmène dans un trou perdu, chez un viel homme solitaire. Collin est là pour « apprendre ». Il aprendra que la vie ne fait pas de cadeau mais que c'est peut-être ce qui en fait le sel...

86 **Balles de flipper** — **Junior**

par Betsy Byars

Trois enfants délaissés par leurs parents respectifs, sont placés chez M. et Mme Mason. Carlie (quatorze ans), Harvey (treize ans), et Thomas (huit ans) ne se sentent pas plus responsables de leur destin que des balles de flipper. Mais lorsque Harvey sombre dans un profond désespoir, Carlie et Thomas sont prêts à se battre pour lui redonner goût à la vie...

87 **Plus de gym pour Danny** — **Junior**

par Helen Young

Danny, un jeune Anglais très sportif, est sujet à des crises d'épilepsie. Tout l'entourage est au courant et le considère comme un enfant normal. Il n'en est fait ni drame ni mystère. Mais le nouveau professeur de gymnastique, effrayé, lui interdit la natation et tous les sports. Comment Danny, privé de son activité favorite, va-t-il réagir ?

93 **Viou** — **Junior**

par Henri Troyat

Depuis la mort de son père, Viou vit chez ses grands-parents. Sa mère travaille à Paris et ne vient pas souvent la voir. Seule la tendre complicité du grand-père vient rompre la monotonie de la vie de Viou. Mais lorsque celui-ci disparaît à son tour, c'est tout l'univers de Viou qui bascule de nouveau...

99 **Les chants du coquillage** — **Junior**

par Jean-Marie Robillard

Neuf nouvelles qui se déroulent sur les rivages marins, et qui nous invitent à la découverte de sa faune, de ses paysages, de ses habitants. « Nanou », « le rat », « le congre », etc. relatent des épisodes de cette vie accrochée à la mer, parfois drôle, parfois dangereuse mais toujours émouvante pour celui qui apprend à l'écouter.

104 **Mon pays perdu** **Senior**
par Huynh Quang Nhuong

Quinze récits, souvenirs d'une enfance vietnamienne, dans un hameau en lisière de la jungle. Une nature extrêmement rude et impitoyable, des êtres dont la vie est menacée chaque jour de mort violente. Amies ou ennemies, il faut apprendre à vivre avec ces créatures sauvages.

107... **Et puis je suis parti d'Oran** **Senior**
par Lucien-Guy Touati Oran,

septembre 1961. En toile de fond, la guerre d'Algérie qui sévit depuis sept ans. Mais pour Lucien, c'est l'aube d'une année scolaire semblable aux autres, avec ses amitiés et ses doutes d'adolescent. Pourtant un matin de mars 1962, Lucien se retrouve sur le pont d'un bateau qui l'emmène vers la France avec sa mère et ses frères et sœurs. Pourquoi ce départ? En six mois, que s'est-il passé ?

109 **Le sixième jour** **Senior**
par Andrée Chedid

Dans la crainte permanente des dénonciations, la vieille Om Hassan tente seule de sauver son petit-fils atteint du choléra. Pendant six jours et six nuits, elle repousse le découragement et insuffle à l'enfant malade sa force de vivre. Du cœur de l'Égypte, elle entreprend avec lui un long voyage vers la mer salvatrice.

116 **Un chemin en Cornouailles** **Senior**
par John Branfield

Frances s'attache, peu à peu, à l'un des patients de sa mère, infirmière dans un village de Cornouailles anglaise. Ancien fermier, chercheurpassionné d'épaves et de minéraux, ce vieil homme de quatre-vingt-dix ans a conservé intacte une grande vivacité d'esprit teintée d'humour. ans a conservé intacte une grande vivacité d'esprit teintée d'humour. Que de richesses à partager avec Frances...

122 **Manganinnie et l'enfant volé** — **Junior**
par Beth Roberts

1830 en Tasmanie, au large de l'Australie. À la suite d'une attaque de colons blancs, une vieille aborigène, Manganinnie, est brutalement séparée de sa tribu. Elle la recherche désespérément en suivant le cycle des migrations ancestrales. Un jour, elle enlève une petite fille blanche pour l'élever comme un enfant de sa tribu, et lui transmettre les lois et les légendes de son peuple perdu. Que deviendront-elles toutes les deux ?

130 **Les 79 carrés** — **Senior**
par Malcolm J. Bosse

Lorsqu'il fait la rencontre de M. Beck, Éric est au bord de la délinquance. À quatorze ans, il rejette tout de la société, et ses parents comprennent mal la confiance qu'Éric accorde à ce vieil homme, ancien détenu. Pourtant, c'est auprès de lui qu'Éric va réapprendre à VOIR le monde qui l'entoure... Mais bientôt, le village entier se ligue pour les séparer.

137 **La reine de l'île** — **Junior**
par Anne-Marie Pol

Au large des côtes bretonnes se dresse l'île de Roc-Aël. Liselor et Grand- Père y vivent seuls, heureux, dans le vieux manoir familial délabré. Pourtant, à la veille de ses douze ans, Liselor sent ce bonheur menacé. Quel est donc le secret qui tourmente de plus en plus Grand-Père ?

143 **Prochain rendez-vous dans le pot de fleurs** — **Junior**
par Marilyn Sachs

La vie n'est pas comme dans les romans, c'est du moins l'avis de Rebecca, quatorze ans. Il ne lui arrive jamais rien d'exaltant... Jusqu'au jour où de nouveaux voisins viennent s'installer dans l'appartement d'à côté. Tout va changer pour Rebecca.

144 Mon ami Chafiq **Senior**
par Jan Needle

Un matin, Bernard, le jeune Anglais, voit Chafiq, un garçon pakistanais de sa classe, disperser une bande occupée à lancer des briques sur des « petits mangeurs de curry ». Un peu malgré lui, Bernard se retrouve impliqué dans l'affaire. Une difficile amitié naît entre les deux garçons. Arriveront-ils à éviter la violence grandissante qui les entoure ?

147 Perdu dans la taïga **Junior**
par Victor Astafiev

Deux courts récits inspirés de l'enfance de l'auteur dans sa Sibérie natale. Vassia, treize ans, s'égare dans l'immensité de la taïga. Loin de se décourager, il marche des jours durant à la recherche du fleuve qui le conduira chez lui.

Sous les yeux de Girmantcha, ses parents disparaissent dans le fleuve en furie. Le voici orphelin. Que va-t-il devenir ?

154 Les enfants Tillerman (tome 1) **Junior**
par Cynthia Voigt

Premier volume de la saga des enfants Tillerman. Les quatre enfants, entre sept et treize ans, se retouvent seuls sur un parking. Leur mère, partie faire une course, ne revient pas. Que faire ? Sous la conduite de Dicey, l'aînée, les enfants se mettent en route, à pied, pour la maison d'une grand-tante inconnue où devait les conduire leur mère, à plus de cent kilomètres...

157 Rude journée pour Sara **Junior**
par Betsy Byars

Sara vit mal l'été de ses quatorze ans. Tantôt tout va bien, tantôt, l'instant d'après, tout s'écroule : elle ne peut plus rien supporter ni personne. Même Charlie, ce petit frère qu'elle adore, lui semble alors bien encombrant. Des cygnes se posent sur le lac et leur arrivée fait basculer dans le drame la tragicomédie des vacances.

160 Les enfants Tillerman (tome 2) **Junior**
par Cynthia Voigt

Suite de la saga des enfants Tillerman. La cousine Eunice, qui les a recueillis tous les quatre, parle de les adopter, mais elle trouve qu'à sept ans, Sammy est beaucoup trop indiscipliné, et elle envisage de le « placer ». Alors, Dicey, treize ans, entraîne une nouvelle fois ses frères et sœur sur les routes. Leur grand-mère maternelle, qu'on dit bizarre, n'est-elle pas leur dernière chance de trouver un foyer ? La route est longue jusqu'à chez elle et les embûches ne manquent pas...

170 L'odeur de la mer **Junior**
par Philippe Barbeau

Vermillon et ses dix copains de classe en font voir de toutes les couleurs à leurs instituteurs qui se succèdent à un rythme accéléré... Mais arrive M. Meunier, aussitôt surnommé « la Taupe ». D'abord victime de mauvais tours, la Taupe se fait peu à peu accepter. Les enfants découvrent au fil des jours le plaisir d'une autre école et se lancent dans l'aventure...

177 Enfant de la samba **Junior**
par Miriam Cohen

À Rio de Janeiro, c'est la fièvre qui précède le carnaval. Maria Antonia, qui danse comme elle respire, espère de toutes ses forces être choisie comme Reine des enfants pour le défilé. Mais arrive Teresinha. Maria brûle d'angoisse et de jalousie. Et si cette intruse allait lui « souffler » sa place ?

181 Je suis née en Chine **Senior**
par Jean Fritz

Jean, onze ans, est née et a grandi en Chine, mais elle se sait et se veut américaine. Elle ne rêve qu'au jour où elle partira pour ce pays qu'elle ne connaît pas. Mais la révolution gronde dans les rues d'Hankéou. Le départ tant attendu se fera dans la précipitation et sous le signe du danger...

188 **Le survivant** **Senior**
par Andrée Chedid

En pleine nuit, Lana apprend par téléphone que l'avion dans lequel son mari, Pierre, a embarqué quelques heures plus tôt, s'est écrasé dans le désert. Il n'y a qu'un survivant. Lana, convaincue qu'il s'agit de Pierre, part à la recherche de l'homme qu'elle aime, à travers oasis, villages, désert, solitude...

199 **Le prix d'un coup de tête** **Junior**
par Gérard Hubert-Richou

Stéphanie, onze ans, est l'aînée de quatre enfants. Elle comprend les difficultés financières que rencontrent ses parents mais elle a l'impression d'en faire seule les frais. Un beau jour, sur un coup de tête, elle décide de s'en aller. En attendant le train qui l'emmènera au soleil, un étrange individu l'aborde courtoisement : « Bonjour princesse, je vous ai reconnue... ».

201 **Jamais deux sans trois** **Junior**
par Thea Dubelaar-Balzamont

Malgré le panneau « défense d'entrer », les jumeaux Rob et Rose pénètrent sur un chantier de construction. À l'aide d'une planche, ils descendent explorer les recoins d'une fosse aux murs de béton. Mais la planche casse... Les jumeaux sont bloqués au fond. Une petite fille entend leurs appels. Elle tente de les aider à sortir mais glisse à son tour. Ils sont trois maintenant dans le trou et la nuit tombe...

202 **La chanson de Dicey** **Junior**
par Cynthia Voigt

Après un été d'errance, les enfants Tillerman vivent chez Gram leur grand-mère. Gram ne se laisse pas facilement apprivoiser. L'acclimatation n'est simple pour aucun des quatre enfants. Un drame et un profond chagrin fourniront l'occasion de découvrir la force des liens qui se sont tissés entre les enfants et la vieille dame...

203 **Hot-dog ou petit pain au chocolat** **Junior**

par Marie Page

Nés d'un père britannique et d'une mère française, Alex treize ans, et sa jeune sœur Caroline vivent depuis toujours au Québec. Ils se sentent « internationnaux » comme le dit Alex dans ses mémoires qu'il rédige en secret. Mais Caroline découvre le livre de son frère et n'hésite pas à intervenir à sa façon...

212 **Un barrage dans la vallée** **Senior**

par Jacques Delval

Marcel découvre, fasciné, la vallée qui s'étale sous ses yeux, baignée de soleil. Après sa vie parisienne mouvementée, a-t-il enfin trouvé l'endroit paisible qui lui permettra de reprendre son souffle ? Marcel ne se doute pas que ce village perdu de Haute-Provence cache, lui aussi, un secret. Un danger mortel plane sur ses terres, ses vignes, sur ses oliviers et ses maisons...

224 **Marika** **Junior**

par Anne Pierjean

Dans une école de montagne, Marianne Arly accueille une nouvelle parmi ses élèves. Mais Marika est différente des autres, avec son regard de renard pris au piège et elle se montre agressive. D'où vient-elle ? se demande Chris, pourtant prêt à lui offrir son amitié. Avec l'aide de Marianne, il tente d'apprivoiser la « sauvageonne »...

228 Lucien et le chimpanzé **Senior**
par Marie-Christine Helgerson

Dans un village près de Mâcon vivent le Grand-père et Lucien, un garçon de neuf ans dont les yeux immenses ignorent les gens et que tous appellent « la bête ». Au château, deux jeunes professeurs s'installent pour tenter une expérience : communiquer par gestes avec un chimpanzé. Et si, au contact du singe, Lucien apprenait à parler avec les gens... ?

231 Mélodine et le clochard **Senior**
par Thalie de Molènes

Un clochard sort de l'ombre, se penche sur la vitrine éclairée de la librairie, et lit passionnément un ouvrage d'astronomie... Il reviendra chaque jour et sa présence insolite servira de révélateur aux habitants de l'immeuble, en particulier à Mélodine et à Florence, sa grand-mère qui l'a élevée...

232 Personne ne m'a demandé mon avis **Junior**
par Isolde Heyne

Inka vit dans un foyer pour enfants en R.D.A. À l'occasion de son dixième anniversaire, elle exprime deux souhaits : avoir des parents adoptifs et être admise à l'École de sport. Un jour, dans la rue, une femme l'aborde à la dérobée, et lui annonce que sa mère, qu'elle croyait morte, vit en R.F.A. Loin de la réjouir, cette révélation inquiète Inka qui craint que sa vie n'en soit bouleversée.

237 Coutcho **Junior**
par José Luis Olaizola

La grand-mère de Coutcho n'y voit pas grand-chose et a de plus en plus de mal à exécuter des travaux de couture. Débrouillard, Coutcho, à neuf ans, trouve des petits métiers pour rapporter un peu d'argent à la maison. Les rencontres qu'il fera dans les rues de Madrid résoudront finalement bien des problèmes...

243 **Le lundi tout est différent** **Junior**
par Christine Nöstlinger

Tous les lundis, Kathi va coucher chez Lady, sa grand-mère de qua- rante-sept ans, tout à fait fantaisiste... Découvrant que Kathi a des poux, Lady la convainc de couper ses cheveux. Kathi accepte à la condition que sa grand-mère lui fasse une coiffure punk. À l'école, à la cantine, la coiffure de Kathi va faire beaucoup parler d'elle...

245 **Les manèges de la vie** **Senior**
par Andrée Chedid

Sept nouvelles composées d'actualités, de mémoires, de faits divers, qui se déplacent en divers points du globe pour toujours parler d'amitié, d'amour, de ces vies ordinaires métamorphosées par la souffrance, l'émotion.

246 **Les voleurs de lumière** **Senior**
par Victor Carvajal

Dans chacun de ces huits récits, un enfant prend la parole. Selon ce qu'il est - son courage, ses rêves et sa propre expérience -, il raconte la vie dans les bidonvilles du Chili quand, pour survivre, il faut résoudre autant de problèmes qu'il y a de jours dans l'année. Un fil conducteur relie toutes ces histoires : l'espoir, le goût de vivre et d'aimer...

249 **À bientôt Maman !** **Junior**
par Henryk Lothamer

Tous les enfants sont fous de joie de préparer leur départ pour la colonie de vacances. Seul, dans son coin, Alek écrit à sa mère. Même ses meilleurs amis ignorent cette correspondance. Alek a un second secret : un petit miroir rond qu'il prétend tenir de sa mère. Avant de s'endormir, Alek le presse contre sa joue et vit des aventures étonnantes...

253 **Pour une barre de chocolat** **Junior**
par John Branfield

Sarah est diabétique depuis l'âge de neuf ans, mais elle a beau savoir qu'il y va de sa vie, qu'il lui faut ces injections d'insuline, elle clame sa révolte : c'est injuste, pourquoi elle ? Crises de larmes et scènes familiales, trêves et reprises des hostilités, l'univers de Sarah n'est que montagnes russes...

254 **Le héron bleu**
Les enfants Tillerman **Senior**
par Cynthia Voig

Jeff a sept ans lorsque sa mère quitte la maison. Le garçon grandit dans la hantise de décevoir son père qu'il appelle « le Professeur ». Invité par sa mère, le temps des vacances, Jeff est à nouveau séduit par son charme et sa vivacité. Il ne vit plus que dans l'attente d'une nouvelle rencontre. Un rêve ruiné l'été suivant...

260 **Moi, Alfredo Perez** **Junior**
par Marie-Christine Helgerson

« Ma famille et moi avons quitté le Mexique pour un pays riche : les États-Unis. Riche ? Pas pour tout le monde. J'ai été ramasseur de fruits, laveur de vaisselle. Mais j'ai aussi mis en route un vieux projet : dénicher des choses rares et les vendre. J'ai longtemps trié des masses de camelote, jusqu'au jour où... »

261 **Rendez-vous sous l'horloge** **Junior**
par Isolde Heyne

Inka vit avec sa mère en R.F.A. depuis maintenant quatre ans. Un voyage de classe va lui permettre de retourner dans son pays natal, la R.D.A et de retrouver à Berlin Est son amie Tutty. Pour Inka, il est bien difficile de se faire une nouvelle vie...

266 **Gaufrette, Petit-Beurre et Chocolat** **Junior**
par François Schoeser

Gaufrette, Petit-Beurre et Chocolat, ce n'est pas seulement un bon goûter, mais aussi trois amies inséparables qui ont des idées plein les poches. Il y a Elsa, la blonde aux taches de rousseur, Fatima, café au lait, et Eugénie noire et crépue. Difficile de faire accepter cette amitié aux copains, aux parents surtout !

269 **Ma grand-mère et moi** **Junior**
par Achim Bröger

Au retour de l'école, Julia s'étonne de ne pas voir sa grand-mère à la fenêtre comme tous les jours. Elle se précipite et la trouve endormie sur son lit, très pâle. Grand-mère est malade. Est-ce grave ? Julia découvre en Dirk un véritable ami qui comprend tout, même l'inquiétude de Julia.

275 **Ernest ou le passé composé** **Junior**
par Patrick Vendamme

Les travaux de l'autoroute proche divisent les habitants du village de Roquevières. Dans leur hôtel-bar, le couple Marmousset accueille deux jeunes enfants. Aicha et Thomas, curieux de tout, rencontrent Ernest, gardien du château en vente depuis des années. Le vieil homme solitaire cherche un moyen d'arrêter les travaux qui menacent sa retraite...

278 **Merci, Barnabé !** **Junior**
par Christine Arbogast

Lorque Jonathan décide d'abandonner ses études pour ouvrir un restaurant réservé aux enfants, Barnabé, son jeune frère, est enthousiasmé et n'a qu'un désir : participer, lui aussi, à cette entreprise passionnante ! Mais tout ne se déroule pas aussi facilement que prévu...

Castor Poche Connaissances

Une nouvelle série
à partir de 8/9 ans.

Castor Poche Connaissances
Des petits « poches » à lire d'un trait
ou à prendre et à reprendre.
Des textes pour stimuler la curiosité,
pour susciter l'envie d'en savoir plus.

Castor Poche Connaissances
En termes simples et précis,
des réponses à vos curiosités, à vos interrogations.
Des textes de sensibilisation
sur des notions essentielles.
Les premières clés d'un savoir.
Des sujets variés.
Le sérieux de l'information
allié à la légèreté de l'humour.
Un ton alerte et vivant.

Dans chaque ouvrage,
un sommaire et un index détaillés permettent
de se référer rapidement à un point précis.

C1 Bon pied, bon œil ! (Junior)

Notre santé

par Lesley Newson

Quels sont les moyens de défense et de reconstruction de notre organisme ? Que se passe-t-il à l'intérieur de notre corps lorsque nous avons la varicelle ? Ce guide concis et vivant nous permet d'en savoir plus sur les microbes, les virus, les bactéries et... sur nous-mêmes.

C2 Comme un sou neuf ! (Junior)

La bataille contre la saleté

par Lesley Newson

Qu'est-ce que la saleté ? Comment agissent le savon, les détergents ? Une approche, à la fois scientifique et vivante des questions d'hygiène, qui nous informe avec précision et humour, et nous aide à combattre la saleté sur notre corps, sur nos vêtements, dans nos maisons et dans nos villes.

C3 La marche des millénaires (Senior)

A l'écoute de l'Histoire

par Isaac Asimov & Frank White

Parce qu'il traîte autant des modes de vie et de l'évolution des techniques que des faits dits historiques, ce livre transforme le domaine parfois rebutant de l'Histoire en une matière vivante et attrayante. Les connaissances historiques sont mises en relation avec les grandes préoccupations d'aujourd'hui, et deviennent du coup captivantes.

C4 Salę temps pour un dinosaure ! (Junior)

Les caprices de la météo

par Barbara Seuling

Comment se forme un grêlon ? En quoi une tornade diffère d'un cyclone ? Quelle est la température la plus chaude jamais enregistrée sur terre ? Qu'est-ce que la foudre ? Mille informations sur le temps et la météorologie sont regroupées dans ce petit livre, qui dissipent les interrogations et ... éclaircissent notre ciel !

Cet
ouvrage,
le cinq cent
trente-cinquième
de la collection
CASTOR POCHE,
a été achevé d'imprimer
sur les presses de l'imprimerie
G. Canale & C. S.p.A.
Borgaro T.se - Turin
en avril
1996

Dépôt légal : février 1996.
N° d'Édition : 4145. Imprimé en Italie.
ISBN : 2-08-164145-3
ISSN : 0763-4544
Loi n° 49-956 du 16 juillet 1949
sur les publications destinées à la jeunesse